L'ÂGE DES MIRACLES

L'ÂGE DES MIRACLES

UNE NOUVELLE APPROCHE DE LA CINQUANTAINE

MARIANNE WILLIAMSON

éditions

Syntonisez Radio Hay House à hayhouseradio.com

Éditeur : François Doucet
Révision linguistique : Caroline Bourgault-Côté
Correction d'épreuves : Nancy Coulombe, Stéphanie Archambault
Conception de la couverture : Matthieu Fortin
Photo de la couverture : © iStockphoto
Mise en pages : Sébastien Michaud
ISBN 978-2-89667-031-4
Première impression : 2010
Dépôt légal : 2010
Bibliothèque et Archives nationales du Québec
Bibliothèque Nationale du Canada

Éditions AdA Inc.
1385, boul. Lionel-Boulet
Varennes, Québec, Canada, J3X 1P7
Téléphone : 450-929-0296
Télécopieur : 450-929-0220
www.ada-inc.com
info@ada-inc.com

Diffusion
Canada :   Éditions AdA Inc.
France :   D.G. Diffusion
                Z.I. des Bogues
                31750 Escalquens — France
                Téléphone : 05.61.00.09.99
Suisse :   Transat — 23.42.77.40
Belgique :   D.G. Diffusion — 05.61.00.09.99

Imprimé au Canada

Participation de la SODEC.
Nous reconnaissons l'aide financière du gouvernement du Canada par l'entremise du Programme d'aide au développement de
l'industrie de l'édition (PADIÉ) pour nos activités d'édition.
Gouvernement du Québec — Programme de crédit d'impôt pour l'édition de livres — Gestion SODEC.

**Catalogage avant publication de Bibliothèque et Archives nationales du Québec et Bibliothèque
et Archives Canada**

Williamson, Marianne, 1952-

    L'âge des miracles : une nouvelle approche de la cinquantaine
    Traduction de : The age of miracles.
    ISBN 978-2-89667-031-4
    1. Âge moyen - Aspect psychologique. 2. Personnes d'âge moyen - Morale pratique. I. Titre.

BF724.6.W5414 2010   155.6'6   C2009-942460-6

Pour ma fille,
que j'adore plus que tout.

Table des matières

Sans aucune préparation, nous entrons dans l'après-midi de la vie ; pire encore, nous le faisons en étant faussement persuadé que les vérités et les idéaux qui nous avaient accompagné jusqu'ici seraient encore utiles. Mais nous ne pouvons pas vivre l'après-midi de la vie en suivant le programme du matin ; car ce qui était grand le matin sera petit le soir et ce qui était vrai sera devenu un mensonge.

— C.G. Jung, *La réalité de l'âme*

INTRODUCTION

Des rides. Des trous de mémoire. Vous ne vous rappelez plus ce que vous avez fait hier. Vous avez retrouvé vos lunettes dans le frigo. La peau de vos cuisses n'est plus aussi lisse, vos fesses sont moins fermes. Les jeunes vous disent «Madame» ou «Monsieur». Autrefois, vous faisiez beaucoup de choses simultanément. Vous ne reconnaissez plus le visage que vous renvoie le miroir. Vous êtes jaloux des personnes plus jeunes. Vous n'en revenez pas de ne pas avoir apprécié tout cela quand il était temps. Vous vous sentez invisible. Vous n'avez pas la moindre idée de qui sont les nouvelles idoles musicales. Avant, vous étiez dans le coup, mais, de toute évidence, vous ne l'êtes plus…

Si l'un ou l'autre de ces points vous semblent familiers, alors bienvenue dans ce nouveau territoire. Il se pourrait que quelques nouveaux éclairages vous aident à vous frayer un chemin sur ces sols mouvants.

Chaque expérience nouvelle vous met face à un choix, et le vieillissement n'y fait pas exception. Comment va se passer pour vous cette phase où vous n'êtes désormais «plus

jeune » ? Comment allez-vous investir l'espace de la cinquantaine et les années suivantes ? Ce sont des questions ouvertes
auxquelles vous seul pouvez répondre. Si vous choisissez le
chemin de moindre résistance — la non-résistance non pas
taoïste, mais paresseuse — vous serez alors submergé par la
gravitation. Vous vieillirez sans guère de grâce ni de joie.

Si, en revanche, vous optez pour une autre possibilité,
vous ouvrirez la porte à quelque chose de résolument nouveau. En envisageant l'éventualité qu'il puisse exister une
autre façon de vieillir, vous ferez place au miracle. Vous tra-
cerez une nouvelle voie, vous établirez de nouvelles synapses
dans votre cerveau et vous accueillerez de nouvelles énergies physiques et spirituelles qui, sinon, n'auraient pas
trouvé d'espace réceptif en vous.

Nous sommes des millions à pénétrer dans une pièce
que nous aurions préféré éviter, mais que nous ne pouvons
pas fuir plus longtemps. Pourtant, si nous prenons la peine
de bien la regarder, nous constaterons qu'elle n'est pas si
mal… ou qu'elle a juste besoin d'être un peu réarrangée.
Après quoi, elle sera devenue une nouvelle pièce, à bien des
égards.

La cinquantaine n'est pas un territoire nouveau, de toute
évidence ; ce qui l'est, en revanche, c'est la façon dont beaucoup d'entre nous aspirent à quelque chose qui dépasse les
normes culturelles établies. D'après Werner Erhard, le fon-
dateur de l'organisation EST, on a le choix de vivre sa vie en
fonction des circonstances ou d'après une vision de la vie.
Et, concernant la cinquantaine, nous avons la possibilité de
nous forger une nouvelle vision, une nouvelle conversation,
qui puisse nous entraîner au-delà des formes-pensées limitées qui en ont défini les paramètres depuis des générations.

Les circonstances sont inaltérables, mais pas la façon dont nous les vivons. Nous appréhendons chaque situation en fonction du contexte de la conversation qui l'entoure, à la fois dans notre tête et dans notre culture. Ainsi, une nouvelle conversation sur le sens de la cinquantaine, du milieu de la vie, débouchera sur un nouvel espoir pour ceux d'entre nous qui en sont là.

Quand je parle d'espoir, est-ce celui de vivre plus longtemps ? Pas nécessairement. Alors, est-ce l'espoir d'un surcroît de plaisir, de sens, de passion et d'illumination ? Absolument. L'espoir, en matière de vieillissement, n'est pas que les années qu'il reste augmentent, mais qu'elles s'améliorent. Récemment, à un mariage, je me suis retrouvée assise à côté d'une ancienne star du cinéma. Cet homme, aujourd'hui âgé de plus de 80 ans, me confia avec une conviction toute virile que, lorsque son heure viendrait, il « s'en irait de son plein gré et passerait à l'aventure suivante ». Il semblait en paix avec ce qui viendrait ensuite parce qu'il est en paix avec ce qui arrive, point. Il donnait l'impression d'être relié à une sorte de courant de vie trop réel pour s'arrêter un jour, et qui n'oserait pas s'interrompre au moment de son décès.

Je l'ai revu une demi-heure plus tard, dansant comme Rudolf Valentino avec une femme de cinquante ans plus jeune que lui. De retour à sa table, je l'ai entendu pester contre le gouvernement comme un titan resplendissant, se fichant pas mal de savoir si ce qu'il disait était bien vu ou pas. On n'avait pas l'impression qu'il avait atteint le terme de sa vie, mais plutôt son apogée. Et de ces hauteurs, il voyait ce qui s'étendait devant lui comme étant simplement une nouvelle étendue de terre, pas moins réelle que le territoire qu'il laisserait derrière lui.

Comment vivrions-nous si nous ne craignions pas la mort? Quelle existence mènerions-nous si nous avions la permission — tant celle d'autrui que la nôtre — de nous donner de tout notre être à la vie? Est-ce que la cinquantaine signerait le moment de nous arrêter ou plutôt de nous mettre enfin en chemin? Serait-il temps d'abandonner ou bien de revendiquer pleinement ce que nous voulons? Serait-ce le moment de simplement musarder ou d'arrêter de perdre notre temps? Si nous voulons passer notre vieillesse en pilotage automatique, la vivre comme une expérience prédéfinie et préemballée, cela ne présente aucune difficulté : le statu quo est balisé de partout. En revanche, si nous voulons créer quelque chose de neuf, pour nous-même comme pour notre entourage, il est important que nous mesurions le caractère extrêmement limité et limitant des pensées relatives à la cinquantaine dont notre culture reste actuellement imprégnée.

Et il est important que nous prenions conscience qu'il est possible de nous en défaire.

Une grande part de ce que nous pensons du milieu de la vie est dépassée. Ce sont des notions que nous avons héritées des générations précédentes, qui ne correspondent plus à ce que nous sommes ni à ce que nous faisons.

J'ai récemment rencontré une femme qui a été l'une des grandes figures politiques des années 70 et 80. Quand je lui ai demandé si elle voulait revenir dans l'arène politique, elle m'a regardée et a dit : «Oh non! J'ai 66 ans.» Elle a ensuite désigné une table derrière nous, où de jeunes femmes étaient assises, et a ajouté : «Qu'elles prennent le relais, maintenant.»

Je l'ai regardée d'un air horrifié. Les filles qui se trouvaient derrière nous n'étaient certainement *pas* celles que je pouvais m'imaginer capables de guider le monde et de lui montrer une direction plus positive dans quelque avenir proche, et je savais que, au plus profond de son cœur, cette femme n'y croyait pas non plus.

«Elles? Vous êtes *folle*?» me suis-je exclamée, en pointant du doigt vers les lolitas, essayant en vain de déceler sur leurs visages le moindre signe de sérieux. Au moment où je prononçais ces paroles, je vis les yeux de la femme s'illuminer. Peut-être avait-elle simplement besoin que quelqu'un l'autorise à admettre ce qu'elle pensait déjà, à savoir qu'elle était plus prête aujourd'hui que jamais. C'est *elle* qui avait les qualités requises pour ces fonctions.

Au moment de quitter la table, elle me dit : «Vous avez raison. Discutons ensemble l'un de ces jours. Je souhaite entreprendre quelque chose de *radical*.»

Tout ce dont elle avait besoin, c'était d'un changement de perception. Il avait suffi que quelqu'un doute que ses plus belles années fussent derrière elle pour qu'elle passe instantanément d'un timide et résigné «C'est *leur* tour, maintenant…», à un «C'est à *moi* de jouer, désormais!», émotionnellement plus honnête. Et, en notre for intérieur, nous sommes nombreux à partager les mêmes sentiments qu'elle : soit que nous sommes enfin prêts à faire quelque chose de radical! Quelle que soit la raison pour laquelle nous sommes venus ici-bas, ça nous démange maintenant de le faire.

Sauf que, parfois, vous ne savez pas trop de quoi il s'agit. Et même si vous le savez, vous craignez peut-être en secret qu'il ne soit trop tard. Vous êtes tiraillé entre le sentiment d'être prêt et la crainte de ne plus être dans le coup. Pourtant, le poids de la main de Dieu dépasse celui de votre histoire personnelle. Dieu opère des miracles à tout moment, n'importe où, pour n'importe qui; la dernière chose qui pourrait Le freiner, c'est bien que vous soyez plus âgé qu'autrefois.

Quand on est jeune, le temps semble passer tellement lentement. Puis, subitement, on a l'impression qu'il s'est écoulé trop vite. Des retards tragiques balisent le paysage de nos vies; il y a ces femmes qui n'ont pas pris conscience qu'elles désiraient des enfants avant que leurs ovaires soient trop vieux pour cela, et ces gens qui se retrouvent coincés dans des emplois qu'ils détestent parce que, durant des années, le courage leur a manqué pour entreprendre ce à quoi ils aspiraient vraiment. Voilà pourquoi il est si important de ne pas accepter l'idée, qu'une fois la cinquantaine atteinte, nos options sont limitées.

À chaque instant, la vie est exactement telle qu'on l'a programmée. Hier ne possède pas le pouvoir de déterminer ce que sera aujourd'hui. Chaque situation nous met au défi de nous montrer à la hauteur de l'occasion qui se présente — ou, pour être plus précis, de laisser Dieu *nous élever* jusqu'à elle — et le milieu de la vie n'y fait pas exception. Dieu est toujours prêt à changer l'eau en vin.

Qui que vous étiez censé devenir, quoi que votre âme ait été programmée à accomplir et quelles que soient les leçons que vous êtes venu apprendre, c'est maintenant qu'il faut passer aux choses sérieuses et vous mettre au travail. Plus vous prendrez la vie au sérieux, plus elle fera de même avec vous. Ce sont vos pensées et rien que vos pensées qui déterminent vos possibilités actuelles. Il est temps de vous projeter proactivement au-delà des formules prédéterminées — les vôtres comme celles d'autrui — quant à ce qu'il vous est « possible » de faire dans cette phase de votre vie. Quoi que vous soyez parvenu à accomplir ou pas dans le passé, le présent demeure une source inépuisable d'opportunités miraculeuses ; c'est la loi de la compensation divine qui le garantit. La notion de « possibilités infinies » n'est pas une abstraction : c'est ce à quoi aspire l'Univers, c'est une force constante d'une élasticité infinie. Elle ne réagit pas à votre passé, mais à votre état d'esprit actuel.

Ce n'est pas ce qui est arrivé dans votre vie à ce jour qui a le pouvoir de déterminer votre futur. C'est la façon dont vous interprétez ce qui vous est arrivé et dont vous en tirez des leçons qui dictent le cap de vos lendemains probables.

La vie n'évolue pas systématiquement en une spirale ascendante régulière (ce n'est même pas dans ses habitudes). Parvenus à la quarantaine, la plupart d'entre nous ont connu des écueils dans au moins un ou deux des domaines suivants : le couple (mariage, divorce), les enfants, la carrière, les finances, la dépendance ou autre. Mais la question, dans tout parcours de vie, n'est pas de savoir si l'on est tombé ou pas, mais si l'on a appris à se relever. *Tout le monde* tombe puisque ce monde est celui de la chute. Qui se relève et comment y parvient-il ? Voilà ce qui est déterminant.

J'ai une amie qui est une chanteuse exceptionnelle ; sa voix bouleverse le public depuis des années. C'est également une très belle femme. Tout le monde lui a toujours prédit la célébrité. Pourtant, a-t-elle fait sa percée à 20, 30 ou même 40 ans ? Non, parce que, comme bon nombre d'entre nous, ses démons l'en ont empêchée durant des années. Elle ratait une réunion importante parce qu'elle avait la gueule de bois, ou elle disait la chose à ne pas dire à un producteur de disques, ou encore son style manquait de maturité. Elle ne cessait de saboter son propre succès. Ce n'est qu'après son quarantième anniversaire que tous les morceaux du puzzle se sont mis en place et que son talent et sa personnalité ont enfin été en phase. Et qu'a-t-elle découvert alors, et que tout son entourage a également pu constater ? Que le chemin long et tortueux qu'elle avait emprunté ne faisait qu'accroître l'éclat de son succès quand celui-ci est enfin venu.

Qu'est-ce que je veux dire par l'«éclat» de son succès ? J'entends par là les couches de compréhension dont il était constitué : les leçons, petites et grandes, apprises en cours de route qui ont influencé sa manière de chanter, bien sûr, mais aussi sa façon d'être au monde, conférant une nouvelle essence non seulement à ce qu'elle faisait, mais à ce qu'elle était. Ce n'était pas seulement sa voix qui avait besoin de mûrir, mais toute sa personnalité.

Parfois, on n'arrive plus à lever ses jambes aussi haut qu'avant au cours d'aérobic, mais on est capable de lever un sourcil d'une façon que seules confèrent des années d'expérience. D'une certaine manière, ce haussement de sourcil est plus impressionnant qu'une jambe tendue en l'air. C'est cela qu'apporte la maturité : elle dote votre personnalité d'une nouvelle richesse ; d'une compréhension qui ne peut venir que lorsqu'on a «pris ce qu'il y a de bon avec ce qu'il y a de mauvais», comme aurait dit mon père.

Cette nouvelle maturité est optimiste, non pas de l'optimisme ignorant de la jeunesse quand tout semble possible, mais de cet optimisme aigre-doux-mais-confiant qui subsiste même lorsqu'on sait que certaines choses ne sont désormais *plus* possibles. On a perdu des choses qu'on aurait préféré ne pas perdre, mais on en a aussi gagné certaines dont on ignorait jusqu'à l'existence. On a fait suffisamment d'expériences, goûté à assez de choses dans assez de domaines différents pour avoir le sentiment d'avoir acquis une certaine maîtrise, non pas dans une activité particulière, mais dans l'art de mener une existence plus responsable. À observer mes pairs, j'en ai conclu que bon nombre d'entre eux pensent la même chose en secret. Sitôt que l'on a accepté que la vie, à certains égards, n'était pas aussi fabuleuse qu'on l'avait cru, on réalise que, sous d'autres angles, elle l'est encore plus qu'on ne l'aurait jamais imaginé.

Ce n'est pas qu'on se leurre ou s'illusionne en refusant d'accepter dignement que la jeunesse soit terminée. On accepte bel et bien les limites de l'âge, mais en reconnaissant conjointement la nature illimitée de Dieu. Quelque chose a pris fin, c'est vrai, mais autre chose de nouveau a débuté. Ce n'est pas que la jeunesse s'est achevée ; c'est plutôt que votre jeunesse *prolongée* s'est interrompue, non pas par un accord bidon qui conclut la fête, mais bien sous la forme d'un salut qui vous fait échapper à une vie complètement dénuée de sens, sous la forme d'une dernière chance qui vous est offerte de trouver le bon chemin. La génération qui traverse actuellement la crise de la cinquantaine ne peut pas supporter l'idée que tout cela n'ait servi à rien. Les schémas de pensée dysfonctionnels et surannés qui barraient le chemin d'accès à votre destinée la plus élevée sont enfin écartés. Même si vous vous sentez peut-être légèrement déprimé de ne plus être jeune, vous êtes enthousiaste de ne plus être dans l'ignorance.

AU MOMENT PRÉCIS OÙ LE MONDE semble littéralement prêt à exploser, à moins que quelqu'un de mûr et équilibré ne débarque et ne fasse rapidement quelque chose, notre génération est enfin en train d'atteindre cette maturité et cet équilibre.

Le monde, dans l'état où il est aujourd'hui, est un vaste rite de passage pour la génération du baby-boom; il s'apparente à une excursion en solitaire dans la jungle, destinée à déterminer si nous sommes capable ou pas d'y survivre. Si nous ne réussissons pas, c'est que nous n'avons pas ce qu'il faut pour cela. Et si nous y parvenons, alors... «Tu es un homme, mon fils!» Du moins, c'est la réplique qui correspond à la moitié d'entre nous.

La cinquantaine, de nos jours, est une sorte de seconde puberté. La nature de cette expérience, y compris sa durée, est en voie de redéfinition. C'est une période qui diffère distinctement de la jeunesse, tout en étant aussi manifestement différente de la vieillesse. Elle ressemble moins à une croisière vers le terme de nos jours qu'à une odyssée — enfin! — vers le *sens* de notre existence. Des gens qui, à 40 ans, se plaignaient encore : «Je ne sais pas ce que je veux faire de ma vie» ont soudain l'impression de le savoir. Ils ont davantage l'impression d'être des adolescents que des personnes âgées.

Dans son livre *The Longevity Factor*, Lydia Bronte écrit que nous avons allongé notre existence de quinze ans... mais au milieu, pas à la fin. Nous devrions donner à cette période le nom de nouvelle cinquantaine, car elle est *effectivement* nouvelle, et la revendiquer pleinement. Jusqu'ici, cette phase n'était pas reconnue parce qu'elle n'était pas vraiment *là* comme aujourd'hui. En reconnaissant désormais l'existence de ce nouveau facteur psychologique dans la structure de l'existence contemporaine, nous créons ainsi un contenant pour des énergies qui, autrement, resteraient dispersées et mal définies, bien que remarquables.

Il nous est possible de bénir et de transformer l'expérience du milieu de la vie. On y parvient en modifiant les *pensées* que nous cultivons à son propos puisque celles-ci informent nos cellules physiques et constituent le modèle de notre vécu en ce monde. Notre tâche est double : il nous faut, d'une part, nous défaire de nos pensées limitées, et d'autre part, en accepter d'autres, illimitées. Nos pensées se reflètent dans notre vécu quotidien, tant dans l'état de notre corps que dans celui de la planète. En les reprogrammant, nous reprogrammons tout.

Il est devenu courant de dire que, pour les femmes, l'âge de 40 ans équivaut désormais au nouveau 30 ans, et 50 ans au nouveau 40. Je me suis demandé si c'était simplement ce que nous voulions croire ou si c'était effectivement vrai. Fort à propos pour moi, j'ai choisi la seconde option. Mais c'est une épée à double tranchant si l'on y songe : d'un côté, c'est reconnaître que nous avons meilleure apparence durant plus longtemps ; de l'autre, c'est également reconnaître tout le temps que nous avons pris pour enfin mûrir. Il nous a fallu des années avant de commencer à comprendre ce que les générations qui nous ont précédés semblent avoir découvert beaucoup plus tôt.

Ceux d'entre nous qui atteignent maintenant le milieu de leur vie et plus ne seront pas qualifiés de « génération perdue » ; en revanche, ils seront *vraiment* considérés comme une génération à laquelle il aura fallu perdre une ou deux décennies avant de se trouver. Finalement, ce n'est pas que nous ayons perdu du temps, mais il nous a fallu démêler des situations auxquelles les générations précédentes n'avaient pas été confrontées. Si nous avons pris plus de temps, c'est parce que nous avons eu plus à faire, au plan psychique.

Ne vous inquiétez pas si vous avez le sentiment d'être de l'autre côté de la colline. Le paysage est différent. Nous sommes en train d'enlever la colline.

En rendant visite à une amie d'enfance, j'ai vu une photo d'elle datant de vingt ans. La différence était frappante puisqu'elle est passée physiquement d'une jeunesse radieuse à un âge moyen plutôt réservé, son visage semblant désormais exprimer : « J'ai renoncé. » Pourtant, je savais que l'étincelle de sa jeunesse n'avait pas disparu. « Ça, c'est Linda, lui ai-je dit, en désignant la photo. Je crois que tu devrais lui dire de revenir ». Et j'ai lu dans son regard qu'elle comprenait exactement ce que je voulais dire.

Nous savons, intellectuellement du moins, que le milieu de la vie ne doit pas nécessairement rimer avec résignation et tenue vestimentaire sans attrait. À la jeunesse peut succéder quelque chose d'autre, de tout aussi spectaculaire, au moment où nous passons à la phase suivante de notre existence. Nous pouvons consciemment revendiquer une vie plus glorieuse que nous n'aurions eu l'audace d'imaginer pour la cinquantaine et les décennies suivantes.

Il est possible de se défaire du poids des douleurs non résolues pour adopter la légèreté d'un cœur plus sage et plus humble. Cette tranche de notre vie peut se présenter à nous comme une phase non pas ultime, mais nouvelle. Et nous pouvons accepter le fait qu'en Dieu, nul temps n'existe. La nouvelle cinquantaine résonne comme un appel de l'âme.

Mon plus grand regret, quand je repense à ma jeunesse, est de constater tout ce que j'en ai raté, je ne sais comment. Désormais, quand je songe à ma vie actuelle, je ne veux pas reproduire la même erreur. Je ne veux rien en manquer. Ainsi que le chantait Bonnie Raitt, comme si elle l'exprimait pour chacun de nous : «La vie devient extrêmement précieuse, dès lors qu'il en reste moins à gaspiller.»

Ma jeunesse était pleine de miracles que je n'ai tout simplement pas su voir, à l'époque. Néanmoins, chaque fois que je suis tentée de m'appesantir sur la façon dont je n'ai pas su apprécier ma chance durant ma jeunesse, je me rappelle que l'auteur de cette chance n'a pas épuisé ses miracles.

Que nous vieillissions, si nous avons l'heur de pouvoir le faire, c'est un *fait*. Mais *comment* nous vieillissons, cela ne dépend que de nous. Ce livre a pour objectif d'aborder divers aspects de cette question, aussi honnêtement que possible, d'imprégner d'amour ses zones les plus inquiétantes, et de vivre ainsi des miracles que nous aurions ratés autrement.

Note de l'auteure : *Tout au long de ce livre, je me réfère abondamment au livre* Un cours en miracles. *Ce cours est un programme d'apprentissage autonome en psychothérapie spirituelle. Ce n'est pas une religion, mais plutôt une forme psychologique d'entraînement mental, basé sur des thèmes spirituels universels. L'objectif pratique du cours est d'atteindre la paix intérieure par la pratique du pardon.*

UN CHEMIN LONG ET TORTUEUX

Un jour, j'ai reçu par la poste quelques vidéocassettes contenant des images de conférences que j'avais données en 1988. J'ai dit à ma fille que je souhaitais qu'elle les regarde avec moi pour qu'elle voie à quoi ressemblait sa mère deux ans avant sa naissance. Je croyais que je faisais cela pour elle, mais j'ai vite réalisé que c'était avant tout pour moi. En visionnant ces images, ma fille fut fascinée par l'image de sa propre mère ne fléchissant pas encore sous le poids d'années de chagrins, toujours légère et aérienne, tant de corps que d'esprit. Je fus moi-même comme hypnotisée.

Un homme de mes connaissances, plus jeune que moi, m'a dit un jour : « J'aurais bien aimé te connaître quand tu étais plus jeune », puis, me voyant esquisser un rictus, il a aussitôt tenté de se racheter en ajoutant qu'il aurait bien voulu m'avoir connue quand j'avais tout ce feu intérieur. J'ai alors pensé, sans le dire à haute voix, *Je l'ai toujours, ce feu-là*. En regardant ces vidéos, j'ai vu cette flamme qu'il évoquait, mais j'ai aussi vu autre chose. J'ai discerné un feu intérieur qu'il me fallait me réapproprier, un feu que le monde avait étouffé, mais qui m'appartenait encore si je le voulais ; certes, il ne brûlait plus en surface, mais il n'avait pas disparu non plus. Il était simplement enseveli sous des couches et des couches de fardeaux accumulés et de déceptions. Cette flamme-là provenait d'un lieu sans âge.

En revoyant ces images de mes conférences, je fus surprise que ma fille soit aussi étonnée. Je n'avais pas réalisé qu'elle ne voyait pas sa mère comme une femme enjouée, pleine d'humour et de sagesse à la fois. Je pris alors conscience d'être devenue quelqu'un que rien ne me forçait à devenir, d'avoir plongé dans les sombres eaux psychiques de quelques années douloureuses et d'avoir cru les mensonges entendus à cette époque-là.

Ce qui m'était arrivé est ce qu'il arrive aussi à bon nombre d'entre nous, d'une manière ou d'une autre. L'âge peut vous frapper de plein fouet comme un camion qui vous renverse, expulsant d'un coup le souffle de votre jeunesse. Puis, des années durant, vous fonctionnez par réaction, en étant davantage défini par ce que vous n'êtes plus, semble-t-il, que par ce que ce vous êtes devenu. Pourtant, lentement mais sûrement, vous vous glissez dans une nouvelle phase de votre vie, une phase différente, certes, mais dont la nature n'est pas nécessairement amoindrie. Qu'elle représente un plus ou un moins ne dépend que de vous.

Je me rappelle m'être acheté un CD de Joni Mitchell, il y a quelques années. Sur la couverture figurait un autoportrait d'elle, un verre de vin rouge à la main ; je suis restée assise à contempler cette photo durant plusieurs minutes, avant de mettre la musique. Quand elle a débuté, j'ai été consternée. Plus rien ne sonnait de la même façon, apparemment ; je ne retrouvais plus la Joni que je croyais connaître. *Oh, mon Dieu !*

ai-je pensé, *elle a perdu sa voix !* Son timbre haut et doux avait disparu. Moi qui avais écouté Joni Mitchell durant des décennies, je ne reconnaissais pas les sons que j'entendais désormais. Durant plus de cinq minutes, je n'ai cessé de me répéter mentalement qu'elle n'arrivait plus à chanter.

Puis, je me suis mise à tendre vraiment l'oreille et j'ai alors réalisé que, de toute évidence, la voix qui n'était plus là ne pouvait rivaliser en magnificence avec celle qui avait pris sa place. Désormais, son timbre révélait une profondeur nouvelle, une nostalgie que la voix de sa jeunesse ne présentait pas. Quelque part entre son âme et sa gorge, entre son passé et son présent, une alchimie avait transformé de bonnes chansons pop en grand art. Des mélodies légères et lumineuses s'étaient muées en plaintes profondes, sobres et expressives, émanant du cœur même des choses. Elle avait atteint un lieu de pouvoir qui était tout sauf « moins que… » Cette femme qui était déjà une géante semblait s'être muée en une divinité.

Son parcours et ses transformations me parlent, compte tenu de ma propre expérience. Ayant commencé à donner des conférences il y a vingt ans, il arrive que des gens me disent qu'ils aimeraient bien m'entendre parler « comme au bon vieux temps ». Et je vois très bien ce qu'ils veulent dire. J'étais désinvolte. J'étais drôle. Je disais les choses comme elles étaient. Mais c'était dans les années 80, bon sang ! Quoi de plus facile que d'être brillante quand on n'a jamais rien vu d'autre que la lumière ? Plus tard, quand cela cesse d'être vrai — quand des décennies sont venues enrichir votre répertoire de souffrances comme de plaisirs — votre voix ne peut *pas* faire autrement que changer.

Les saisons changent, mais elles sont toutes spectacu-
laires. L'hiver est aussi beau que l'été, tant dans la nature
qu'en nous-même. Il n'y a pas de raison pour que nous perdions en intensité avec l'âge ; celle-ci se manifeste simplement d'une autre manière. Être où nous en *sommes*, sans
avoir honte ni nous excuser, voilà le plus important. La
beauté de l'authenticité personnelle peut compenser celle
perdue de notre jeunesse. Mes bras ne sont peut-être plus
aussi galbés qu'autrefois, mais j'ai une idée tellement
meilleure aujourd'hui de ce que je devrais en faire !

QUAND J'AVAIS UNE VINGTAINE D'ANNÉES, J'ÉTAIS TRÈS PORTÉE SUR LE
« OUI » : *oui, je viendrai ; oui, je le ferai*. Mais en vieillissant, j'ai
pris l'habitude de dire « non » : *non, je ne peux pas faire cela
parce que ma fille est à la maison et je dois rentrer ; non, je ne peux
pas venir parce que je n'ai pas le temps*. On dirait que j'ai arrêté
de réfléchir à ce qui motivait mes « non » pour en faire simplement une réponse quasi automatique à tout ce qui sortait
de ma zone de confort. Et celle-ci s'est mise à rétrécir. Finalement, j'ai réalisé qu'à un certain âge trop de « non » deviennent un poison. Si l'on n'y prête pas attention, on finit par
dire non à la vie elle-même. Et ce sont ces « non » qui nous
vieillissent.

Les responsabilités de la vie d'adulte nous forcent souvent à nous concentrer sur ce qui se trouve immédiatement
sous nos yeux et, en ce sens, le fait de nous « fixer » peut avoir
du bon. Mais une telle fixation ne doit pas forcément se tra-
duire par une crispation mentale. Personne ne vieillit bien en
ayant perdu sa capacité à s'émerveiller. Vous vous surpren-
drez parfois à penser : *Oh ! ce musée ? J'y suis allé, je l'ai déjà vu.*

Mais si vous faites cette visite malgré tout, vous constaterez que ce que vous aviez vu de ce musée durant vos jeunes années ne représentait qu'un fragment de ce que vos yeux peuvent discerner aujourd'hui.

Si vous ne faites pas d'exercice physique, vos muscles se mettent à rétrécir. Et si vous n'exercez pas votre esprit, ce sont vos attitudes qui rapetissent.

Et rien n'amenuise autant votre vécu que les restrictions que vous imposez à vos pensées. Elles limitent vos possibilités et votre joie.

Nous avons tous vu des gens vieillir dans la tristesse et les regrets ; nous en avons également vu d'autres qui ont pris de l'âge dans la joie. Il est temps de nous fixer sur l'*intention* de vieillir dans l'allégresse et de décider que, si la joie de la jeunesse a ses vertus, elle n'est pas la seule joie qui existe. En fait, il y a une véritable joie à savoir, qu'au terme de toutes ces années, nous avons enfin mûri.

Une vague de nouvelles possibilités nous attend, en ce moment où une génération immense et autrefois effrontée atteint l'âge des cheveux gris et des articulations ankylosées. Ce que nous allons faire désormais n'est pas prédéterminé, mais reste à découvrir puisque chacun de nous verra en fonction de ce qu'il *choisit* de voir. Nous pouvons acquiescer à l'attraction gravitationnelle de l'âge et du chaos, comme nous pouvons courageusement explorer de nouveaux territoires, exercer le pouvoir que nous ont conféré les leçons de la vie et revendiquer la possibilité d'une rédemption, non seulement pour nous-même, mais pour le monde entier.

Notre génération aura bien des comptes à rendre, elle qui s'est amusée si longtemps et a mûri si tard. Mais maintenant qu'il reste moins de temps à vivre, nous sommes enfin prêt à relever le défi. Désormais, nous avons les connaissances — et le courage, espérons-le — qu'il faut pour défendre ce que nous savons être vrai. Nous prenons conscience qu'un chapitre du livre de notre vie vient de s'achever, mais que le prochain n'a pas nécessairement à être pire. D'ailleurs, il pourrait être infiniment mieux. Ces années pourraient se révéler l'occasion de célébrations et de réjouissances, si nous avons l'audace de prendre les rênes de la conscience et de créer quelque chose de neuf, pour nous-même comme pour le monde entier.

Chacun de nous a connu des drames et effectué son propre périple individuel; aujourd'hui, nous nous retrouvons tous ici, comme en un lieu prédestiné, pour y déverser nos trésors d'intelligence et de talent, de foi et d'espoir. Finalement, chacun est individuellement glorifié en trouvant sa place au sein de la pulsation collective. Jusqu'ici, nous avons voyagé seuls; désormais, nous poursuivrons ensemble. La grande aventure de notre époque est loin d'être achevée; d'une certaine manière, elle ne fait que commencer.

CHAQUE GÉNÉRATION EST PORTEUSE DE TALENTS PROPRES. Les plus remarquables de ceux de la génération du baby-boom restent à découvrir, étant donné qu'ils sont résolument différents de ce que l'on croyait. Ils concernent autant l'acceptation de nos échecs et la croissance spirituelle dont celle-ci s'accompagne, que la capacité à s'attribuer le mérite de n'importe quoi.

Une génération idéaliste, qui était censée tout améliorer, a en réalité présidé une ère au cours de laquelle bien des choses ont empiré. En dernière analyse, chaque génération n'est faite que de gens qui passent. Et durant notre passage, du moins jusqu'ici, nous n'avons pas encore vraiment fait ce que nous étions venu faire.

Notre grande prise de conscience à nous autres, les baby-boomers, est d'avoir, à bien des égards, gaspillé notre jeunesse, non pas en l'ayant vécue avec frivolité, mais — dans bien des cas — en ne l'ayant vécue que pour nous-mêmes. Nos parents — et leurs parents avant eux — sont devenus adultes au moment où il était normal de le devenir. Et ils s'en sont sortis. Nous, en revanche, nous avons différé aussi longtemps que possible l'accession à une existence vraiment adulte. Maintenant, pour avoir macéré dans une cocotte-minute durant quelques décennies de trop, notre maturité latente se révèle avec une sensibilité que nous ignorions totalement posséder. Ce que nous aurions dû réaliser — le point que nous aurions dû atteindre — à 20 ou 30 ans, c'est à 40, 50 ou 60 que nous y parvenons. Mais il n'est pas trop tard. Nous n'avons pas traversé ce que nous avons traversé, saigné comme nous avons saigné, ni pris les leçons d'humilité qui nous ont été données pour que tout cela se termine maintenant. D'ailleurs, nous avons une trop grande dette envers le monde pour nous en tirer aussi facilement. Nous sommes tous nés porteurs d'une promesse — celle de rendre le monde meilleur — qui s'accompagne d'un désir si vif de faire le bien qu'aucun d'entre nous ne peut l'éteindre définitivement.

Une question silencieuse retentit bruyamment en notre cœur : *Que vais-je faire du temps qu'il me reste ?* On nous a peut-être accordé une grâce, un délai, pour tout arranger. Pour avoir aspiré, au plus profond de nous, à disposer d'une chance supplémentaire de faire quelque chose de significatif avant de passer à l'éternité, il se pourrait que ce temps soit un peu rallongé.

C'est la puissance impressionnante de notre humilité nouvellement trouvée qui nous donne cette dernière chance d'atteindre la signifiance. Allons-nous répudier l'insignifiance très glamour qui a marqué notre génération jusqu'ici? Sommes-nous prêt à reconnaître les comportements sombres et corrompus du passé qui fut le nôtre et à nous lever pour les changer? Saurons-nous exercer le pouvoir que nous confèrent les leçons apprises? Et saurons-nous nous aligner sur la pulsation créative de l'Univers afin de poser les bases d'un futur glorieux où nul ne dira que nous avons tout simplement baissé les bras, mais où chacun affirmera, au contraire, que nous nous sommes finalement mis en route? Lorsqu'on atteint un certain point, la porte à tambour s'ouvre à nouveau devant nous, mais elle ne s'ouvrira plus qu'une seule fois. Il faut que nous réussissions cette fois-ci, ou nous mourrons en ayant échoué.

Ce que nous appelons le «milieu de la vie», de notre vie, ne doit pas nécessairement être un virage en direction de la mort. Il peut représenter un tournant vers la vie, une vie telle que nous n'en avons jamais connue, telle que nous n'aurions jamais *pu* en connaître, car nous étions encore trop jeune et prétentieux pour en apprécier les limites. L'âge rend humble, c'est vrai, mais il nous fait également prendre conscience de la fragilité — ô combien grande! — de la vie. Il est temps que nous devenions des «anciens» et les gardiens de cette précieuse planète — pas seulement de nom, mais dans la pratique et avec passion. Jusqu'au jour où Dieu nous rappellera dans Sa demeure, nous devrions nous efforcer de faire de *ce* monde-*ci* la demeure de nos rêves.

LA PRISE DE CONSCIENCE QUE NOUS NE SOMMES PLUS JEUNE coïncide aujourd'hui avec un sentiment d'urgence historique. Nos yeux se sont ouverts sur la gravité de cette époque, et notre désir le plus cher est de passer à l'action. Si nous renouvelons notre engagement à l'égard des processus de la vie, ceux-ci se réengageront aussi vis-à-vis de nous. Nous nous sentirons pardonné pour ce passé qui n'a pas été tout ce qu'il aurait pu être, sitôt que nous nous engagerons dans un futur qui *est* tout ce qu'il peut, doit et va être maintenant que nous avons enfin grandi.

Le fils prodigue a bien fini par rentrer à la maison, après avoir beaucoup festoyé, mais son père s'est réjoui de son retour. Et le nôtre aussi.

Où que vous soyez allé et quoi que vous ayez pu faire jusqu'ici, toute votre vie s'est construite en vue de cet instant. L'heure est maintenant venue de déployer toute votre grandeur, une grandeur que vous n'auriez jamais pu atteindre si vous n'aviez franchi exactement les étapes qui furent les vôtres. Tout ce que vous avez vécu a apporté de l'eau au moulin qui vous a permis de devenir ce que vous êtes. Aussi bas que vous ayez pu chuter, il n'existe aucune limite en Dieu aux hauteurs que vous pouvez désormais atteindre. Il n'est pas trop tard. Vous n'êtes pas trop vieux. Vous êtes pile à l'heure. Et vous valez mieux que ce que vous pensez.

Cher Dieu, que chaque phase de ma vie soit bénie. Que mes pensées craintives ne fassent pas obstacle à Tes miracles. Pourrais-je vieillir en approfondissant mon amour. En ce domaine, comme en toutes choses, cher Dieu, que le monde ne me rende pas aveugle à Toi. Amen

Chapitre deux

CROYEZ-VOUS À LA MAGIE ?

À un certain stade, dans la vie, il ne s'agit plus de savoir qui vous devenez, mais qui vous êtes devenu. Ce que vous jugiez être le futur est désormais votre présent, et vous ne pouvez vous empêcher de vous demander si votre vie ne serait pas meilleure aujourd'hui si vous l'aviez vécue plus pleinement à l'époque.

Quand on a passé un certain âge, on a du mal à croire qu'on ait pu perdre ne serait-ce qu'une minute de sa jeunesse à ne pas l'apprécier. Et la dernière chose qu'on souhaite faire aujourd'hui, c'est bien de se priver de sa propre vie en manquant de la vivre pleinement au moment même où elle s'écoule. On parvient enfin à comprendre — pas seulement théoriquement, mais viscéralement — que l'instant présent est tout ce que l'on possède.

Vous ne fermez plus les yeux pour réfléchir à qui vous serez dans vingt ans ; si vous êtes sensé, vous étudiez le tracé de votre existence actuelle pour suivre de près comment vous vous en sortez en ce moment même. Vous voyez désormais le présent comme un acte permanent de création. Vous prêtez davantage attention à vos pensées, votre comportement et vos interactions avec autrui. Vous avez compris que, si vous abordez la vie dans un esprit de peur et de sépara-tion, vous n'avez aucune raison d'attendre d'elle autre chose en retour que de la peur et de la séparation. Vous cherchez à accroître vos forces et à diminuer vos faiblesses. Vous regardez vos blessures en demandant à Dieu de les panser. Vous demandez pardon pour ce dont vous avez honte. Vous ne cherchez plus la satisfaction dans ce qui vous est exté-rieur, ni la plénitude grâce à autrui, ni la paix intérieure dans le passé ou le futur. Vous êtes qui vous êtes et non qui vous serez un jour. Votre vie est ce qu'elle est et non ce qu'elle pourrait être un jour. En vous concentrant ainsi sur ce que vous êtes et sur ce qu'est actuellement votre existence, vous parvenez à la réalisation ironique et quasi amusante que oui, effectivement, le plaisir est dans le cheminement même.

L'un de mes plus grands regrets est d'avoir raté le spec-tacle de Noël de ma fille, à la garderie, quand elle avait trois ans. D'une part, une personne qui travaillait pour moi n'a pas pris la peine de m'en informer ; d'autre part, j'avais visi-blement émis la vibration que je n'avais pas l'envie ou le temps d'y aller. Depuis, il m'arrive parfois de me dire : *Qu'est-ce que je ne donnerais pas pour voir ce spectacle aujourd'hui !* Il me manque un souvenir, et j'ai l'impression d'avoir un trou là où il devrait y avoir un sourire.

J'ai eu honte d'admettre — quand enfin j'en ai été capable — que j'étais devenue un peu semblable à mon père, si soucieux de sa carrière quand il était dans la quarantaine et la cinquantaine que sa disponibilité émotionnelle pour ses enfants se limitait à un jour par semaine. Les dimanches, il était à moi ; tous les autres jours, je me languissais de lui. Des années plus tard, quand naquit sa première petite-fille, l'âge lui avait fait atteindre cet espace plus serein où sa présence à un enfant semblait enfin plus satisfaisante que sa présence au travail.

À la découverte des moments où l'on a été inconscient, dans le passé, on a envie de tout recommencer, mais correctement cette fois ! Et parfois, c'est possible. De nombreuses personnes compensent de n'avoir pas été de très bons parents en étant de bien meilleurs grands-parents. Et c'est souvent ainsi que leurs enfants leur pardonnent. Mais certaines situations ne se prêtent pas si facilement à une seconde édition, et certaines années ne peuvent être compensées. Voilà pourquoi il est si important de prendre conscience que le moment idéal pour s'efforcer de donner le meilleur de soi est l'instant présent. Vous n'aurez jamais de plus belle occasion.

> *Cher Dieu, je T'en prie, dilate mes pensées étri-*
> *quées. Ouvre mes yeux, pour que je puisse voir.*
> *Ne me laisse pas passer à côté de mes richesses.*
> *Aide-moi à ne pas rater ma vie. Prépare mon cœur*
> *à ce qu'il y a de meilleur. Amen*

UN JOUR, EN ME REGARDANT DANS LA GLACE, j'ai cédé à l'apitoiement sur moi le plus total.

Oh, je me rappelle quand j'étais jeune ! me suis-je dit. *Ma peau était plus ferme, ma poitrine plus relevée, mes fesses plus rebondies, tout mon corps était voluptueux. J'avais tellement plus d'énergie, je rayonnais. Si seulement j'avais eu conscience de ce que je possédais alors… maintenant, je ne connaîtrai plus jamais cela.*

Puis, une autre voix a pris la parole dans ma tête.

— *Oh, Marianne !* a-t-elle dit, *ferme-la ! Laisse-moi te faire un récapitulatif de ce que tu étais quand tu étais plus jeune. Tu avais les nerfs à vif, le cœur chamboulé et la tête en pagaille, tes appétits confinaient à l'addiction, tes histoires d'amour étaient tragiques, tu gaspillais tes talents et passais à côté de tes chances ; bref, tu n'étais jamais en paix.*

» *Ta manière d'agir, à l'époque, était exactement celle que tu reproduis maintenant : tu ne cessais de croire que, si seulement les choses étaient différentes, tu serais heureuse. En ce temps-là, c'était l'espoir que tel homme, telle activité professionnelle ou telles ressources puissent te sauver ; aujourd'hui, c'est le regret de ne plus être jeune. Reviens sur Terre : à cette époque, tu avais fière allure, mais tu ne le savais pas. Tu possédais tout, mais tu n'appréciais rien. Tu avais le monde à tes pieds, mais tu n'en avais pas conscience.*

» *Tu sais comment c'était ? Exactement comme aujourd'hui !*

C'est ainsi que débuta ma guérison de la «juvénilité». Je fais occasionnellement des rechutes, mais au fil du temps je récupère de plus en plus rapidement. Je me rends compte que l'idéalisation d'une autre époque, d'autres circonstances, d'une autre réalité n'est rien qu'une habitude mentale, le moyen d'éviter la réalité de mon existence actuelle.

Mais en évitant la réalité de la situation présente, nous évitons également les miracles qu'elle a à nous offrir. Tout le monde agit ainsi, puisque tel est le fonctionnement de l'ego. On peut cependant tordre le cou à cette habitude autodestructrice et cultiver une perspective plus juste, à savoir : où que nous soyons, c'est l'endroit idéal, et quel que soit le moment, c'est le moment idéal. Ce qui ne veut pas dire que nous ne pouvons ou ne devrions pas améliorer les choses, à commencer par nous-même. Mais céder à la pensée que *si seulement nous étions plus jeune, les choses iraient mieux* est le moyen assuré de vieillir dans la douleur.

MON PÈRE M'A DIT UN JOUR : « Lorsqu'on est vieux, on ne se sent pas vieux. » Je mesure tout à fait ce qu'il voulait dire par là puisque j'ai conscience que l'être essentiel que je suis en mon for intérieur est le même dans la cinquantaine qu'il était à 15 ans. Alors, qui suis-je donc réellement ? Suis-je la femme qui a changé en prenant de l'âge, ou suis-je plutôt le *moi* sans âge qui vit en dedans ? Suis-je la femme qui est prisonnière du temps, ou l'être qui échappe à ses griffes ?

Parfois, lorsqu'on évoque des choses survenues voici longtemps, il nous arrive de dire : « Je m'en souviens comme si c'était hier. » Cela tient au fait que, d'une certaine manière, c'était vraiment hier. Si, comme l'a affirmé Einstein, le temps n'est qu'une illusion de la conscience, alors son écoulement linéaire n'est qu'une fiction métaphysique ; tout ce qui est déjà arrivé, tout ce qui arrive ou arrivera, se produit *maintenant*.

C'est là, dans le monde de l'éternel *maintenant*, que se trouve le véritable « je suis ».

Notre *moi* éternel demeure dans l'éternité, laquelle ne coupe le temps linéaire qu'en un seul point : le présent. Par conséquent, ce que vous êtes vraiment, c'est la personne que vous êtes en cet instant même. Et ce que vous êtes, c'est l'amour en personne. De ce point essentiel d'essence parfaite — que Dieu crée à neuf à chaque instant — des miracles jaillissent naturellement. L'amour interrompt le passé et ouvre le futur à de nouvelles probabilités. Qui que vous soyez, et quel que soit votre âge, dans le présent toutes choses sont possibles.

Le *moi* physique vieillit, bien sûr, mais pas le *moi* spirituel. Plus nous nous identifions à la dimension spirituelle de notre existence, plus notre vécu passe progressivement de ce qui est changeable à ce qui ne l'est pas... de ce qui est limité à ce qui ne l'est pas... de la peur à l'amour. Plus la distance à parcourir à travers le temps linéaire se réduit, plus notre conscience peut, en réalité, se dilater. Et sitôt qu'elle le fait, le temps lui-même en est affecté. Plus nous nous plongeons profondément dans l'amour jusqu'à atteindre le cœur des choses, plus nous actualisons notre potentiel terrestre. La compréhension de ce qui ne change *pas* est la clé du pouvoir en ce monde changeant. En nous mettant en phase avec notre *moi* éternel, notre vieillissement ne suit plus une ligne droite allant d'une jeunesse resplendissante à une triste décrépitude, mais s'apparente davantage à la floraison d'un lotus qui s'ouvre toujours plus à la lumière du soleil. L'âge devient alors synonyme de miracle.

D'un point de vue physique, nous vieillissons, puis nous mourons. Pourtant, spirituellement parlant, nos avancées ou nos reculs ne dépendent pas du corps, mais de la conscience. Sitôt qu'on l'envisage sous un angle différent, l'expérience de l'âge se transforme. On peut être physiquement plus vieux tout en étant émotionnellement et psychologiquement plus jeune. Certains d'entre nous étaient sur le déclin entre 20 et 30 ans, et vivent une renaissance à 60 ou 70 ans. Le roi Salomon, censé avoir été le plus sage de tous les hommes, décrivait sa jeunesse comme son hiver et son grand âge comme son été. On peut être plus vieux qu'on ne l'était auparavant et pourtant se sentir beaucoup plus jeune qu'en réalité.

Plus on gagne en intelligence spirituelle et en conscience des forces qui sous-tendent la réalité terrestre et en sont la cause, plus la question de l'âge évolue. La croissance spirituelle aiguise notre perception de ce qui est possible. Et dès que nous *percevons* une nouvelle possibilité, nous pouvons la *saisir*. À chacune de nos paroles, chacune de nos pensées et de nos actions, nous choisissons ce que nous voulons manifester dans la vie. Nos vieilles pensées créent de vieux scénarios ; nous pouvons donc faire le choix de nous en libérer.

D'après *Un cours en miracles*, si nous accomplissons si peu de chose, c'est parce que notre mental est indiscipliné. Nous nous laissons trop facilement séduire par des pensées autodésapprobatrices, des croyances limitées et une perception négative de nous-même. Personne ne vous *oblige* à penser : *Mes meilleures années sont derrière moi*, ou *Personne ne voudra plus de moi*, ou encore *J'ai raté ma chance*. Mais quoi que vous choisissiez de penser, votre subconscient le prendra très au sérieux et votre vécu reflétera ces pensées.

Nos propres cellules réagissent à ce que nous pensons ; chacune de nos paroles, silencieuses ou exprimées, participe au fonctionnement de notre corps. Nous participons même à celui de l'Univers tout entier. Si notre conscience s'allège et s'illumine, tout fait de même en nous et autour de nous.

Ce qui signifie, bien entendu, qu'à chacune de vos pensées, vous pouvez commencer à recréer votre vie à neuf.

PARVENU AU MILIEU DE VOTRE VIE, vous discernez soudain la fin de la route, là où avant vous ne voyiez qu'une étendue indéfinie. Désormais, vous savez viscéralement que cette existence-ci ne se poursuivra pas indéfiniment. Il n'est plus temps de faire des détours de cinq ans. Plus temps de se tromper. Plus temps de poursuivre des relations inutiles ou de rester dans des situations qui vous desservent. Plus temps non plus de la «jouer petit», d'avoir de la fausse modestie ou de laisser quelque autre obstacle issu des eaux noires de votre psyché s'opposer à la joie qui vous est destinée. Désormais, vous voulez devenir un instrument de précision, vous concentrer exactement sur ce que vous voulez faire et être précisément la personne qu'il vous faut être.

D'après l'antique philosophie de l'Asie, la vie n'est pas un cercle, mais une spirale. Chacune des leçons qui vous ont déjà été présentées (c'est-à-dire tout ce que vous avez déjà vécu) se représentera, sous une forme ou une autre, jusqu'à ce que vous appreniez la leçon. Et chaque fois, les enjeux seront plus élevés. Tout ce que vous avez appris portera de plus beaux fruits. Et tout ce que vous n'avez pas assimilé aura des conséquences plus lourdes.

Ce qui n'a *pas* fonctionné dans votre vie jusqu'ici reflète le fait que vous n'aviez pas encore intégré les différentes parties de votre être. Là où vous ne vous acceptiez pas, vous vous êtes attiré un manque d'acceptation de la part d'autrui. Là où vous n'aviez pas encore affronté votre ombre, vous avez provoqué des situations obscures. Les parties fragmentées de votre être ont réveillé leurs contreparties chez les autres. Vous voilà donc informé! Ça, c'était le passé; maintenant, c'est le présent.

La cinquantaine est notre deuxième chance. Si vous souhaitez passer les années qui vous restent à rejouer les drames du passé, c'est possible. Le même scénario va d'ailleurs se représenter pour que vous le révisiez. Cela se passe toujours ainsi. Mais, si vous le voulez, vous pouvez prendre ce script et le réécrire intégralement, assumer pleinement votre rôle et tirer une révérence à la fin qui clouera tout le monde sur place.

Votre pièce se déroule peut-être dans une autre ville cette fois-ci, et les personnages sont sans doute différents. Mais il s'agit fondamentalement de la même pièce. En revanche, étiez-vous prêt pour votre grand rôle, la dernière fois ? Avez-vous su tirer parti de vos opportunités et maximiser vos profits ? Ça, c'est une autre histoire. Le fait que vous ayez attiré de telles opportunités à vous, au départ, signifie qu'elles faisaient partie de votre scénario. Et maintenant, grâce à votre volonté de réparer, à votre humilité et à votre désir sincère de réussir là où vous avez échoué auparavant, vous allez à nouveau attirer les mêmes opportunités, sous une autre forme. Un Dieu miséricordieux vous les présentera à nouveau, animé d'intentions encore plus grandes quant aux bénédictions que vous allez pouvoir en retirer, et les autres aussi.

Consacrez toute votre attention à cette réécriture. Votre personnage ne doit pas dire « Je suis trop vieille désormais », mais plutôt « Je ne fais que commencer ». « Je suis trop faible pour cela » peut devenir « Je me sens forte désormais ». Et « Je leur en veux pour ce qu'ils m'ont fait » peut devenir « Je fais le choix de pardonner ». « Que puis-je retirer de cette situation ? » peut également devenir « Quelle contribution puis-je apporter ? », et « Qu'est-ce que j'ai envie de faire ? » peut se changer en « Cher Dieu, qu'attends-Tu de moi ? ». À chaque nouvelle pensée, vous pouvez opérer un miracle : celui de changer de scénario et de transformer votre vie.

> *Cher Dieu, je souhaite changer ma vie, alors, s'il*
> *Te plaît, cher Dieu, change-moi. Ôte tout juge-*
> *ment de mon esprit et toute peur de mon cœur.*
> *Libère-moi des chaînes qui m'entravent et rends-*
> *moi à mon véritable* moi. *Amen*

JE ME SOUVIENS D'UNE EXPÉRIENCE que je faisais dans un restaurant que ma famille fréquentait quand j'étais enfant. Le jardin
de derrière était décoré de façon magique la nuit avec une
myriade de bulles et de lumières multicolores. J'étais sûre
qu'il y avait des créatures d'autres mondes qui s'ébattaient
près de la fontaine et, tandis que les autres dînaient et discu-
taient autour de moi, je restais immobile, hypnotisée par ce
que je voyais. Tout un univers se déployait de l'autre côté de
la fenêtre, un scénario de conte de fées se déroulait sur une
scène de lumière que moi seule distinguais.

Des décennies plus tard, je la revois encore.

Enfants, nous adorions ces choses-là, mais ensuite nous
avons grandi et on nous a dit que ce n'était là que notre
imagination et qu'il ne fallait plus nous en occuper. On nous
a endoctriné et forcé à vivre dans un monde désenchanté, et
nous avons beaucoup sacrifié pour y parvenir. Le monde ne
va pas mieux d'avoir perdu sa tendresse. La méchanceté et le
cynisme de notre époque, les sarcasmes réfléchis qui passent
pour des réflexions intelligentes, la suspicion et le jugement
de chacun sur toutes choses, voilà ce que sont les sous-
produits de cette vision du monde dépourvue de tout
enchantement.

Bon nombre d'entre nous veulent sortir de cette roue de
souffrance. Nous refusons d'accepter que *ce qui est* soit *ce qui
doit être*. Nous voulons déchirer le voile d'illusions qui nous

sépare d'un monde de possibilités infinies. Nous aspirons à un autre genre de vie — tant pour nous-même que pour le monde entier — et notre soif de le découvrir se fait toujours plus intense, à mesure que nous prenons de l'âge.

À la cinquantaine, nous nous retrouvons à la croisée des chemins : soit nous acceptons la vision matérialiste moderne du monde, auquel cas il ne nous reste plus qu'à continuer sur notre lancée jusqu'à la mort ; soit nous considérons notre excursion dans ce monde désenchanté comme une simple erreur — l'exil archétypal d'Éden — et dans ce cas nous pouvons revenir au moins à un semblant de ce jardin si nous le voulons. L'enchantement de notre enfance était peut-être moins un monde imaginaire qu'une réalité pas vraiment perdue que nous pouvons encore retrouver. Peut-être existe-t-il une porte d'accès à des royaumes merveilleux qui attend simplement d'être ouverte ?

Nous pouvons envisager l'existence d'une autre voie.

Notre époque ressemble beaucoup aux temps jadis, quand les détenteurs de la sagesse « ancienne » furent renversés par les avancées de la nouvelle Église. Aujourd'hui, ce n'est plus l'Église qui nous assujettit, ni aucune institution en réalité ; notre oppresseur est simplement une vision erronée du monde, un monstre à plusieurs têtes qui défend un Univers où les forces de l'âme ne sont que périphériques. Quelque forme que puisse prendre ce monstre et peu importe d'où il vient, la seule chose qui compte, c'est que vous pouvez croire ce que vous voulez croire. Et c'est cela qui sera vrai pour vous.

On nous a induits en erreur. On nous a lavés le cerveau avec les préjugés de la modernité. Une vision mécaniste et rationaliste du monde a éradiqué plusieurs couleurs du spectre lumineux, puis s'est déclarée dotée d'une meilleure vue. Tout en accroissant certaines de nos capacités cérébrales, elle en a diminué d'autres. Malgré les cartes que nous avons su tracer des divers territoires de l'Univers — de l'espace jusqu'aux atomes — c'est à peine si nous avons conscience du monde parallèle du *moi* intérieur. Comment donc pourriez-vous vous orienter sur une Terre que vous refusez de voir?

SI VOUS VOULEZ CROIRE que seul existe ce que discernent vos yeux physiques, pas de problème, allez-y! Restez dans cette fraction de la réalité perceptible, si tel est votre choix. Mais parvenus à un certain point — même si ce point est l'instant de notre mort — nous retrouvons tous une connaissance plus juste. J'ai vu des cyniques devenir mystiques sur leur lit de mort. Notre présence ici s'apparente à un rêve matériel dont nous sommes appelés à nous éveiller par la nature spirituelle de notre réalité plus vaste. Le magicien, l'alchimiste, celui qui opère des miracles ne sont que des gens ayant pris conscience des illusions matérielles du monde et ayant décidé de vivre autrement. Dans ce monde devenu fou, nous pouvons faire le choix d'être sains d'esprit.

Pour que nous passions à l'étape suivante de notre odyssée évolutive et avec nous toute notre civilisation, il est temps de nous «réenchanter». Merlin l'Enchanteur était un vieil homme à la longue barbe blanche. Mais il n'est pas tant *né* enchanteur à part entière qu'il l'est *devenu*. Et cette évolution, comme la vôtre ou la mienne, a sans doute dû prendre des années. La plupart d'entre nous se sont éloignés du savoir du cœur, et ce que nous avons appris au cours de ce détour était d'une profonde importance. D'ailleurs, le

royaume mystique des sorciers et des châteaux, des cheva-
liers courageux et des dragons est une représentation plus
fidèle et plus mûre de l'épopée de notre âme que tout ce que
les soi-disant réalistes ont déjà pu nous apprendre, ou même,
de tout ce qu'ils ont vu.

Ce sont moins les contes de fées qui sont imaginaires, en
réalité, que notre vision du monde moderne.

DANS LA BELLE ET LA BÊTE, un prince magnifique se transforme
en une bête horrible jusqu'à ce qu'un amour inconditionnel
lui redonne sa véritable apparence. Mince alors ! On dirait
que ça parle de pratiquement tous les gens que je connais !

Il y a des années, après la publication de mon premier
livre, mon avocat m'a relaté la conversation qu'il avait eue
avec mon éditeur. Ce dernier avait dit, au cours de la discussion, que j'étais une « instructrice spirituelle », à quoi mon
avocat avait alors rétorqué : « Non, ce n'est pas vrai ! Elle
écrit des livres de spiritualité, mais cela ne fait pas d'elle une
instructrice spirituelle. » Je me rappelle avoir voulu lui dire :
« En fait, John, je crois que je suis *effectivement* une instructrice spirituelle », mais je ne le fis pas, de peur de sembler
manquer de modestie. Qui étais-je pour me donner ce titre ?
Pourtant, comme le dit *Un cours en miracles*, nous créons ce
contre quoi nous nous défendons ; par souci de dissuader les
gens de penser que je me tenais en haute estime, j'agissais
d'une manière qui ne pouvait que garantir qu'ils le pense-
raient bel et bien.

*Ah bon ! vous me croyez très spirituelle ? Regardez bien ! Je
peux aussi être stupide !* Croyant qu'il était humble d'agir ainsi,
je dissociais la personne que j'étais quand je ne travaillais
pas de la personnalité plus illuminée qui m'était naturelle

dans mon activité professionnelle. L'ego défend un «*moi* séparé», favorisant ainsi des pensées débouchant sur un comportement qui reflète souvent notre «opposé». Voilà ce que font bon nombre d'entre nous : ils vivent le contraire de leur vérité, tout comme la bête était l'opposé du beau prince du conte de fées.

Nous nous pavanons sur une scène d'illusions, à jouer le maigre rôle pathétique que notre ego pétri de peurs nous concède dans cette pièce tragique, et à répéter nos répliques sans même prendre conscience que ce n'est pas le texte avec lequel nous sommes venu dans cette vie. En fait, nos textes ont été intervertis à la naissance et nous jouons un rôle qui n'est pas le nôtre, échangeant des répliques qui ne sont pas davantage les nôtres.

L'ego ne nous empêche pas seulement d'exprimer notre *moi* véritable, mais aussi de prendre conscience que c'est exactement ce que nous faisons. Notre opposé devient ainsi la personnalité que nous croyons être, et les autres le pensent aussi. Dès que c'est l'ego qui dicte comment nous nous présentons, les gens finissent par penser que c'est effectivement qui nous sommes véritablement. Nous ne sommes plus des princes, mais des bêtes. Nous nous retrouvons ainsi doublement piégé : d'abord, en n'apparaissant pas tels que nous sommes vraiment, puis en étant victime de la sombre contagion d'un monde qui nous juge pour cela.

Ce n'est qu'après avoir réalisé que ce n'était pas faire preuve d'orgueil, mais d'humilité, que d'accepter avec grâce et honneur le rôle que je jouais dans le monde que j'ai pu me défaire de cette personnalité qui éprouvait continuellement le besoin de détourner ce rôle à son profit.

Accepter que Dieu ait donné à chacun de nous un rôle magnifique à jouer sur Terre simplement parce que nous sommes humain ; que nous sommes né avec un scénario parfait gravé dans notre cœur ; que le fait d'être brillant ne contribue pas à notre valeur personnelle, mais à Sa gloire infinie : telles sont les vérités qui nous libèrent des mensonges de l'ego. La compréhension mystique est un rayon de lumière, un baiser de Dieu qui nous redonne notre apparence d'origine. Chacun de nous peut déposer le fardeau de son faux *moi* et laisser sa vérité refaire surface.

Le monde dans lequel nous vivons aujourd'hui — qui reflète à tant d'égards le contraire de la douceur et de l'amour qui nous habitent — nous rappelle à quel point il est crucial que nous brisions le sort qui a été jeté à l'espèce humaine et que nous recouvrions notre *moi* de lumière. Notre douceur intérieure — que nous la nommions « le Christ », « l'âme », ou que nous l'appelions par un autre mot évoquant cette essence spirituelle, si peu chez elle dans nos zones terrestres de combat — est le seul espace où nous serons à jamais en sécurité. Le monde extérieur n'est pas notre vraie demeure. C'est notre univers intérieur qui est tout pour nous. Et tant que nous ne nous le serons pas réapproprié, le monde extérieur restera une Terre de souffrance pour chacun.

Enfant, ma nature rêveuse et mystique se sentait rarement acceptée au sein de ma famille et de mon environnement scolaire, un dilemme que je résolus — comme le font la plupart des gens exposés au stress de ne pas se sentir chez eux à la maison — en me coupant psychiquement de moi-même. Je me suis séparée de mon esprit authentique, la psyché scindée en deux, comme une dent cassée. Mon esprit flottait loin au-dessus de moi comme perché sur une étagère où il me resterait toujours accessible, tout en étant invulnérable aux moqueries d'autrui, espérais-je. Ce qui signifie que, du mieux que me le permettait mon jeune âge, j'ai remis mon esprit entre les mains de Dieu, sous bonne garde.

Je me rappelle que, quand j'étais petite, l'une de mes meilleures amies vivait dans une maison dont les toilettes étaient décorées d'une peinture murale, à même le papier peint. Celle-ci représentait deux petits anges couchés sur des nuages, tenant un miroir à la main. Ces cabinets, chez Beth Klein, devinrent bientôt comme une chapelle pour moi. Je trouvais n'importe quelle excuse pour aller chez elle, pénétrer dans cette pièce et contempler cette peinture. J'avais l'impression qu'elle me parlait d'un lieu où j'étais déjà allée et que je rêvais de retrouver. Je me demandais si d'autres personnes discernaient les mêmes choses que moi sur les parois de *ma* Chapelle Sixtine, sur *Tartan Lane*.

Que nous étions jeunes, pour la plupart, quand nous avons été psychologiquement expulsés de chez nous. Du fait de ce sentiment d'exclusion, nous avons collectivement créé un monde dont, si nous ne faisons rien, c'est *nous* qui *allons être* prochainement chassés. La seule façon dont nous pouvons réparer, au niveau le plus fondamental, cette situation qui voit l'humanité chanceler au bord d'un gouffre de catastrophes en tout genre consiste à guérir cette déchirure originale entre ce que nous sommes véritablement et ce que nous sommes devenus.

Dans les termes du poète T.S. Eliot :

Nous ne cesserons pas d'explorer
Et la fin de notre exploration
Sera de parvenir à notre lieu de départ
Et de le connaître pour la première fois.

Toute vie humaine est un microcosme de notre grande aventure collective. Quand chacun de nous retrouvera la vérité de son cœur, nous atteindrons notre potentiel de créativité et d'intelligence le plus élevé. Cela nous ouvrira de nouvelles voies de guérison dont aucun esprit mortel n'aurait jamais pu rêver pour nous conduire à cocréer avec Dieu une vie terrestre totalement transformée. Nous étant réaligné sur nous-même, nous serons en phase avec le monde. Et le ciel et la terre seront comme un seul être.

EN 2007, APRÈS AVOIR PASSÉ TRENTE ANS À LIRE *Un cours en miracles* et donné littéralement des milliers de cours à ce sujet, j'ai soudain pensé, au sortir d'une méditation : *Je suis devenue une étudiante avancée du cours ! Non pas une praticienne expérimentée, ne vous déplaise, mais une étudiante avancée. Et cela m'a pris trois décennies.*

Comment se fait-il que la connaissance spirituelle soit si longue à digérer ? Le côté branché de la quête spirituelle contemporaine tend à nous faire croire qu'il suffit de passer un an ou deux dans un ashram et *voilà !**, nous sommes parvenu au sommet. Mon expérience tend à prouver le contraire. Il faut une décennie pour comprendre les fondements des principes spirituels, une autre pendant laquelle votre ego tente de vous dévorer vivant, une troisième durant laquelle

---

* En français dans le texte original.

vous tentez de le clouer au sol, et enfin vous commencez à marcher plus ou moins dans la lumière. Quiconque pense qu'un chemin spirituel est facile n'en a sans doute jamais parcouru aucun.

Ça veut dire quoi : accueillir la lumière, marcher dans la lumière, et ainsi de suite ? C'est quoi tout ce discours sur la lumière, la lumière, la lumière ? Dans *Un cours en miracles*, on définit la lumière comme étant «compréhension». Quelle pensée magnifique : voir la lumière, c'est comprendre !

Quand on atteint la cinquantaine, on possède généralement une conscience assez claire pour savoir, parmi nos problèmes, lesquels requièrent le plus d'attention. On a découvert où se trouvent nos forces, mais également où résident nos faiblesses. On sait de quelles parties de soi l'on peut être fier, et lesquelles il faudrait changer. On sait quels sont nos *défis* dans cette vie-ci. Ce n'est pas tant une période où l'on apprend de *nouvelles choses sur soi* qu'un moment où l'on comprend plus profondément ce que l'on savait déjà. Et ces nouveaux niveaux de conscience de soi nous offrent de nouvelles occasions de réussir une percée.

Ce n'est pas le moment d'arrêter de travailler sur soi ; c'est plutôt un temps où l'on a enfin accumulé assez d'indices pour résoudre l'énigme et élucider le mystère suivant : pourquoi et comment nous sommes-nous limité si longtemps ? Ce n'est pas le moment de renoncer en disant : «Je suis comme je suis, c'est tout. Il est trop tard pour changer.» Bien au contraire, voici l'occasion de défendre votre propre potentiel, une bonne fois pour toutes ! Ne vous inquiétez pas d'avoir pris tant de temps pour arriver jusque-là. Tout le monde en prend autant. On ne sait rien tant qu'on ne connaît pas toutes les façons dont on n'est pas qui l'on doit être. Ce n'est qu'à ce stade qu'on a l'opportunité de devenir celui qu'on voulait être et que Dieu désirait que nous soyons depuis le jour de notre naissance.

Rien que pour cette raison, ces années-là sont sacrées.

Vous ne pouvez pas vraiment construire votre vie tant que vous n'avez pas rassemblé tout ce que vous avez fini par comprendre sur vous-même. Et la vie serait bien cruelle si, juste au moment où vous avez enfin tout compris, elle entamait une sorte de désintégration préprogrammée. De même que les adolescents doivent se séparer de leurs parents, il vous faut vous séparer de la personne que vous étiez jusqu'ici, dans la mesure même où celle-ci n'était pas votre vrai *moi*.

Ayant trouvé ce que nous ne sommes pas, nous commençons à comprendre qui nous sommes réellement.

Cher Dieu, je T'en prie, adoucis mon cœur là où il s'est endurci. Aide-moi s'il Te plaît à atteindre des pensées plus élevées. Ouvre-nous la voie à une vie meilleure, à moi et au monde entier. Amen

CEUX D'ENTRE NOUS QUI ONT VÉCU LA PLUS LONGUE TRANCHE DE VIE — avec ses bonnes et ses mauvaises expériences — ont une plus grande compréhension des choses qui les aide à dompter la bête du chaos et du désordre qui menace la Terre aujourd'hui. Nous avons appris à la dure que le côté noir du monde n'est que le reflet de celui qui existe en nous. C'est donc en apprivoisant notre bête intérieure que nous apprendrons à dompter celle du monde.

Quand on est jeune, on est puissant sur le plan physique. La force de jeunesse n'est pas tant acquise qu'offerte par la nature, comme un cadeau. Elle sert un rôle qui appartient plus spécifiquement aux jeunes : procréer et construire les structures extérieures servant à soutenir l'existence matérielle.

À mesure que notre force physique décroît, elle peut être compensée par la force spirituelle. Toutefois, contrairement à la musculature de nos jeunes années, le pouvoir spirituel ne nous est pas offert spontanément ; il doit se mériter. Et on l'acquiert souvent par la souffrance. Ce n'est pas une imperfection dans les plans de la nature, mais plutôt une *économie* de sa part. Nos muscles physiques ne peuvent pas nous aider à porter le fardeau des douleurs émotionnelles du monde : seule une musculature spirituelle, forgée par l'accumulation et la répétition des peines, peut y parvenir.

En tant qu'adultes, parvenus à la maturité, nous sommes détenteur d'un élixir spirituel unique. Ayant vu à la fois notre ombre et celle des autres, nous sommes désormais plus humble devant la lumière. Ayant été tiré de l'obscurité, nous avons développé une vraie dévotion pour le Dieu qui nous en a délivré. Ayant commis de véritables erreurs, nous savons combien il est important de se sentir pardonné. Ayant souffert, nous éprouvons plus de compassion pour les souffrances humaines. Ce ne sont plus des abstractions pour nous ; ce sont des principes que nous avons éprouvés dans notre chair. Désormais, nous possédons une force que nous n'aurions pas pu détenir auparavant. Et le monde en a besoin.

Nous entamons une époque où ce sont précisément nos forces intérieures, plus qu'extérieures, qui seront les sources les plus importantes de renouveau et de guérison pour l'humanité.

Quels que soient les pouvoirs que nous perdons avec l'âge, ils sont maigres au regard de ceux que nous pouvons acquérir. Il y a une profonde satisfaction à renoncer enfin à quelque chose d'insignifiant pour la seule et unique raison qu'on en a profité au maximum et qu'on est désormais prêt à passer à autre chose. Le milieu de la vie se distingue par l'abandon de choses qui n'ont plus d'importance, non pas parce que notre vie serait sur le déclin, mais parce qu'elle suit son *inclinaison* naturelle. Dans notre ascension, nous nous défaisons simplement de certains bagages. Il se pourrait qu'il y ait plus de sagesse intrinsèque à notre situation actuelle que nous ne le pensons. Parmi toutes les choses dont nous ne nous souvenons plus, se pourrait-il qu'il y en ait de totalement dépourvues d'importance ? Est-il possible que la nature *exige* de nous plus de simplicité plutôt que de simplement nous le *demander* ? La seule façon de vieillir en paix est de témoigner du respect aux exigences de notre vécu.

Je trouve presque embarrassant de l'admettre, mais c'est parfois un soulagement que de pouvoir ralentir. On se rend compte que « plus lentement » ne signifie pas nécessairement « pire que ». La vitesse propre à nos jeunes années n'était pas aussi constructive qu'il y paraissait. En allant trop vite, nous avons souvent raté beaucoup de choses. Bon nombre d'entre nous ont commis de grosses erreurs qu'ils n'auraient pas faites s'ils n'avaient pas traversé leur existence en fonçant.

Quand j'étais jeune, je me rappelle avoir entendu Otis Redding chanter « Assis là, à me reposer les os… » et avoir pensé *Qui peut bien avoir besoin de se reposer les os ?* Maintenant, évidemment, je le sais. Mais la première fois que je me suis dit que je me reposais les os, j'ai paniqué. J'ai pensé que tout était fini si mes os étaient fatigués! Puis, j'ai pris conscience d'autre chose, comme d'un secret honteux : j'avais plaisir à me reposer ainsi. J'appréciais l'expérience cinétique d'une chaise à bascule comme jamais je n'aurais imaginé cela possible. (*Oh! Ces trucs-là sont vraiment utiles! Qui l'eût cru?*) Je n'éprouvais pas le besoin de me lever, d'aller ailleurs ou de faire quoi que ce soit. Moins d'adrénaline signifiait moins de distractions. Je n'avais plus besoin de justifier mon existence en accomplissant ou en réalisant la moindre chose. Et c'est là que je me suis dit : *C'est très différent, mais ce n'est pas si mal.*

On croit parfois avoir perdu quelque chose, alors qu'il était simplement temps de s'en défaire. Peut-être que notre être s'en libère parce que nous avons dépassé cette expérience dont nous n'avons plus besoin. L'une de mes amies se trouvait un jour en compagnie d'un couple avec qui elle avait follement fait la fête durant les années 60. Vers 22 heures, leur fille, âgée d'une vingtaine d'années, est rentrée à la maison. Les voyant tous affalés sur le canapé, elle leur lança : « Ce que vous êtes ennuyeux! Ça ne vous arrive jamais de sortir? » À quoi les trois répondirent en chœur : « On était sortis et maintenant on est rentrés. »

L'esprit est sa propre piste de danse. Si le travail le plus élevé et le plus créatif est bien l'œuvre de la conscience, alors quand nous ralentissons nous n'en faisons pas moins, mais davantage. Le ralentissement physique favorise une accélération psychique. On devient contemplatif. Si nous reportons notre attention de l'extérieur vers l'intérieur, ce n'est pas pour entamer notre déclin, mais bien pour réensemencer la conscience de la planète et la faire reverdir. Et c'est précisément ce qui se passe actuellement : nous ralentissons pour aller plus en profondeur et pour progresser plus vite dans le sens des changements urgents dont notre monde a besoin.

> *Cher Dieu, quand je me repose, que ce soit en Toi.*
> *Je Te livre mon esprit pour qu'il soit régénéré.*
> *Enfin, me voici prête à changer. Amen*

SE SIMPLIFIER LA VIE, POUR L'EGO, signifie avoir moins de choses, mais pour l'esprit, c'est en avoir davantage. Partout où il y a surabondance de substance matérielle, l'expérience de l'esprit s'en trouve limitée. Que vous fassiez un grand ménage dans votre maison ou que vous laissiez tomber des relations dysfonctionnelles, tout ce que vous entreprenez pour élaguer votre implication excessive dans la matière rend l'âme plus libre de s'envoler vers ses régions naturelles. Voilà pourquoi l'approche des sommets de l'évolution spirituelle s'accompagne souvent d'un processus de lâcher-prise.

L'âge requiert beaucoup de ce lâcher-prise, qu'il s'agisse de nos prouesses physiques, peut-être, ou de certaines occasions terre à terre, ou encore de nos enfants pour qu'ils partent vivre leur vie. Pourtant, ce lâcher-prise n'est pas censé représenter le sacrifice déchirant de notre bonheur. Chaque fois que nous sommes appelé à renoncer à quelque chose, il y a un trésor caché à découvrir dans cette expérience. Rien de nouveau ne peut naître sans la mort de quelque chose d'ancien.

Avant de devenir parent, on est insouciant comme on ne le sera plus jamais par la suite. Mais une fois qu'on est devenu parent, on éprouve une *satisfaction* que l'on n'aurait jamais pu connaître auparavant. Et c'est précisément là qu'en est notre génération, aujourd'hui. Nous avons cessé d'être insouciants. Nous sommes autre chose, désormais. Nous sommes des adultes, au plein sens du terme, ce qui représente un nouveau territoire psychologique.

Vous ne vous souvenez pas du jour où vous avez franchi la ligne séparant qui vous étiez de qui vous êtes, mais vous l'avez pourtant fait. La légèreté propre à la jeunesse a disparu, sans doute, mais les souffrances juvéniles aussi. La peur existentielle de l'homme mûr est préférable à celle des jeunes; quelque part, elle semble moins torturée. Vous en savez trop désormais pour rire *ou* pleurer comme autrefois. Vous voyez désormais les choses avec une autre perspective qui s'accompagne d'une nouvelle identité. À un niveau essentiel, vous avez mis au monde un nouveau *moi*.

Dans la vie, il n'existe pas grand-chose de plus gratifiant que le sentiment d'avoir enfin pris possession de soi-même. Vous n'avez plus à redouter qu'une partie de vous — une fraction pas encore intégrée de votre personnalité — prenne le dessus. Vous avez enfin l'impression d'*habiter* en vous-même. Vous avez désormais parcouru toutes les pièces, allumé les lumières et emménagé.

N'est-il pas intéressant que l'esprit commence à s'ouvrir au moment où le corps commence à se refermer ? C'est une leçon d'humilité que de regarder ce dernier vieillir. La courbe d'une vie humaine est encodée dans nos cellules : nos os, nos muscles, nos organes et notre système reproducteur adoptent tous un nouveau mode de fonctionnement à mi-parcours de vie, dans un élan indéniable vers une mort que l'on souhaite distante, mais qui demeure certaine. On peut toutefois faire beaucoup pour lui insuffler une vie nouvelle, y compris dynamiser nos propres pensées. Il y a de nombreux moyens de transformer les forces de la mort en une vie renouvelée et sanctifiée.

Nous pouvons traiter le corps non pas comme quelque chose qui nous lâche petit à petit, mais comme le partenaire de notre renaissance. Si l'on ne s'identifie qu'au monde matériel, l'âge se faufile en nous comme un hôte indésirable qui s'installe durablement. Mais si l'on s'identifie plutôt à l'existence spirituelle, notre attitude à l'égard du corps se mue en appréciation et gratitude profondes. Après tout, c'est la demeure où vit notre esprit. Lorsque nous marchons, faisons du yoga ou des haltères, nous alimentons sainement, prenons des vitamines et des compléments alimentaires, ou entreprenons quoi que ce soit d'autre pour bien traiter notre corps, nous ne faisons pas que conjurer la mort ; nous réaffirmons la vie. Chaque fois que nous nous dépassons physiquement, nous contribuons à notre dépassement mental. Et à chaque effort entrepris pour nous surpasser mentalement, nous aidons le corps à se dépasser. Ainsi, d'effort en effort, nous régénérons notre esprit et notre corps.

D'après la littérature spirituelle, notre corps nous accompagnera aussi longtemps qu'il est utile à l'âme que nous restions ici. Lorsque j'étais jeune femme, mon corps me semblait aller de soi. À mi-parcours de ma vie, je suis reconnaissante envers lui pour son fonctionnement et envers Dieu de me l'avoir donné.

Le fait d'avoir moins de «quelque chose» — moins d'énergie, moins de temps, moins de quoi que ce soit — suscite un changement radical dans la valeur qu'on attribue à cela. Le corps *est* un miracle, après tout. Il me semble que l'âge devrait s'accompagner d'une plus grande propension à le traiter avec amour et à en prendre soin. Après tout ce qu'il a traversé, votre corps mérite un peu de gentillesse. Et vous aussi, sans doute.

> *Cher Dieu, sanctifie mon corps, pour qu'il soit béni. Déverse Ton esprit dans ma chair. Que chacune de mes cellules reçoive une vie nouvelle, et que mon moi physique puisse être guéri et retrouver son intégrité. Amen*

Chapitre trois

LE MOMENT IDÉAL

A u moment d'atteindre la cinquantaine, vous avez rassemblé d'importants indices sur vous-même. Votre mission, désormais, consiste à déterminer ce qu'ils signifient.

La plupart de nos problèmes personnels, sinon tous, commencent à l'enfance et plus précisément dans notre famille d'origine. Les débuts de l'âge adulte sont souvent l'occasion d'une grande évasion, dans l'espoir qu'en fuyant notre famille nous échappions à nos problèmes. Nous finissons toutefois par réaliser que ce n'est qu'en les affrontant de plein fouet que nous réussirons, durant toute notre vie, à nous soustraire à leurs conséquences.

Ma propre famille s'est révélée un puzzle compliqué comportant quelques pièces psychologiques de forme bizarre. Pendant des années, ma réaction basique à toute espèce de malaise que j'y éprouvais consistait à aller vivre ailleurs et à ne pas revenir, sinon pour un rapide bonjour, à plusieurs mois d'intervalle. Compte tenu de qui j'étais, plus jeune, je ne pense pas que j'aurais pu agir autrement. Mais aujourd'hui, parvenue à une autre étape de ma vie, je me rends compte que tout ce que je suis allée chercher dans le monde, tout ce que, selon moi, ma famille ne possédait pas ou ne pouvait pas me montrer se trouvait plus ou moins sous mon nez tout ce temps.

Notre famille est généralement un microcosme du monde auquel nous serons confronté, que nous fassions de lointains voyages ou que nous nous éloignions à peine de chez nous. Les leçons que nous devons apprendre dans la vie concernent la fragilité du cœur de l'homme et la noblesse de son esprit; la souffrance liée au seul fait d'être humain et les luttes livrées pour survivre à cette expérience; les joies et les rires quand nos enfants vont bien; les larmes et la tristesse quand des amours ou des vies s'achèvent. Il ne m'était pas nécessaire de m'éloigner de chez moi pour apprendre tout cela. Mais si vous me l'aviez dit il y a 30 ans, je ne vous aurais pas cru.

Que votre enfance ait été heureuse ou pas, elle vit dans vos cellules. Elle a tracé en vous des lignes de pensée, et donc de comportement qui ont régi votre existence durant des décennies. Si vos proches vous appréciaient, vous avez attiré à vous des gens qui faisaient de même. Si vous n'étiez pas aimé, ce sont des personnes ne vous appréciant guère que vous avez attirées. Subconsciemment, vous avez recherché des individus et des situations qui reflétaient presque à la perfection les caractéristiques de votre enfance.

Dans les termes de William Faulkner : « Le passé n'est pas mort. D'ailleurs, il n'est même pas passé. » Tant que nous n'avons pas réglé les drames profonds de notre enfance, nous sommes condamné à les reproduire. Plus nous ignorons les blessures de notre jeune âge, plus elles s'infectent et s'aggravent. Aussi longtemps que nous n'aurons pas guéri l'enfant que nous étions autrefois, l'adulte que nous voulons devenir n'a aucune chance d'émerger.

Nous pouvons contribuer à nous libérer des drames de notre enfance en redéfinissant de quels parents nous sommes l'enfant. Nous sommes le produit de notre famille d'origine, c'est certain, mais de quelle famille parlons-nous? S'agit-il de nos parents mortels ou immortels? C'est un point important dans la mesure où nous héritons des richesses de ceux que nous considérons comme nous ayant mis au monde. Peut-être avons-nous hérité des limites et des peurs de nos parents mortels, mais aussi des miracles et de l'amour de Dieu. Nos géniteurs terrestres étaient peut-être des gens formidables, ou bien des voyous, mais l'essentiel, c'est que ce ne sont pas eux qui nous ont créé. Superman a seulement été élevé par ce couple charmant du Kansas.

Tant que nous croyons que ce sont nos parents biologiques qui nous ont créé, nous éprouvons le besoin de nous distancier d'eux parce qu'à un certain plan, nous savons que cette croyance n'est pas vraie. Sitôt que nous comprenons que ce sont simplement des compagnons d'âme qui nous ont fait le cadeau inestimable de nous faire venir au monde, puis (avec un peu de chance) qui ont fait de leur mieux pour s'occuper de nous et nous élever comme il faut, nous mesurons le sens de la dette que nous avons envers eux. La prise de conscience que Dieu est notre vrai Père/Mère, et que tous les êtres humains sont nos frères et sœurs éveille en nous — contrairement à ce que l'on pourrait penser — une attitude plus (et non pas moins) respectueuse à l'égard de notre famille biologique. Le fait de savoir ce qu'ils représentent dans notre vie — et ce qu'ils ne sont pas — nous donne toute latitude de les aimer davantage.

Nombreuses sont les personnes qui n'ont jamais vécu de coupure véritable avec leurs parents, restant ainsi dans le sillage psychique de leur enfance bien après l'arrivée de l'âge adulte. En l'absence de rite de passage adéquat, vous avez peut-être subconsciemment provoqué dans votre existence les événements susceptibles de vous forcer à adopter un mode de vie d'une plus grande maturité, aussi douloureux qu'ils aient pu être.

Aujourd'hui, nous nous retrouvons tous contraints de devoir grandir. Au plan individuel aussi bien que collectif, nous sommes mis au défi par l'Univers de coupler nos talents avec la compassion, notre intelligence avec l'humilité et notre intellect avec la sagesse. L'état de grâce de la jeunesse a pris fin pour chacun de nous. Nous ne sommes plus des enfants. Nous sommes en tête de file.

PARMI LES RITES DE PASSAGE qui accompagnent fréquemment la cinquantaine figure la santé déclinante, voire la mort, de nos parents. Ceux qui nous ont mis au monde sont habituellement les premiers à en repartir. Ils nous ont accueilli lorsque nous sommes arrivé ici ; c'est maintenant à notre tour de leur souhaiter bonne route, tandis qu'ils entament la phase suivante du grand voyage de leur âme.

Quand j'étais plus jeune, je ne supportais pas l'idée que mon père puisse mourir. Cette terreur subsista durant toutes mes jeunes années. Comment pourrais-je encore vivre s'il n'était plus là ? Mais l'anticipation de la mort de quelqu'un est souvent bien pire que le sentiment qui accompagne l'événement lui-même ; j'ai pu constater que le décès de mon père fut moins insupportable que la *peur* que j'en avais. À sa mort, puis à celle de ma sœur, je n'ai jamais eu la sensation que ma famille immédiate se réduisait de cinq à trois membres. On dirait plutôt que je possède une photographie de cinq personnes dans la tête, et que deux d'entre elles sont désormais en négatif. Mais l'image est restée la même. Elles font encore partie de ma famille.

Mon père était quelqu'un de profondément charismatique. Cette qualité s'accompagnait cependant de certaines ombres, comme c'est souvent le cas. Dans la mesure où il assumait un rôle de tout premier ordre sur la scène familiale, qui d'autre parmi nous avait la possibilité d'en jouer un aussi important qu'il l'aurait fait autrement ? J'ai constaté la même chose chez ma fille qui a dû, elle aussi, gérer une situation où sa mère était disons davantage qu'une fleur sur le déclin. J'ai toujours senti qu'elle avait pris une décision préverbale : soit elle laissait sa maman être la seule star ici et se contentait d'un rôle de figuration, soit elle faisait une entrée éclatante dès le premier acte afin que tout le monde sache bien que ce serait dorénavant un spectacle interprété ensemble, merci. Dieu m'est témoin, elle a choisi la seconde option. Et je dis : *C'est très bien pour elle.*

Ce qui veut dire, je l'espère, qu'elle aura de nombreuses occasions de jouer le premier rôle dans sa vie bien avant que je ne quitte la scène. Je suis ravie de pouvoir l'applaudir. Mais dans mon cas, comme dans celui de beaucoup de gens, l'occasion ne nous a pas vraiment été donnée d'être sur le devant de la scène avant qu'au moins un de nos parents ait trépassé. C'est sans doute pour cela que la nature, dans sa sagesse infaillible, a pour option préférentielle que les parents meurent généralement les premiers.

Ce n'est qu'au moment où vous vous retrouvez dans la génération qui est la prochaine à partir que vous mesurez pleinement la charge et le pouvoir qui échoient à celui qui est la star de sa propre vie. Et donc, tout en éprouvant une tristesse à voir ses parents vieillir et du chagrin au moment où ils meurent, on sait également que la mort fait partie d'un mystère plus grand, comme mon père avait coutume de le dire. Quand je pense à lui, désormais, je souris à l'idée qu'il n'est plus un vieil homme. Quelqu'un m'a dit un jour, qu'au moment de mourir, l'esprit reprenait l'apparence de ses 35 ans. Bien sûr, il est prétentieux de penser que quiconque sache de quoi il en retourne. C'est un peu comme poser la question : «Si la personne que j'aime se réincarne, est-ce que cela signifie qu'elle ne sera pas là pour m'accueillir de l'autre côté quand j'arriverai?» Qui diable le sait? Je pense qu'il existe une sorte de réalité multidimensionnelle qui permet à mon père de se réincarner cette année-ci comme l'un de ses arrière-petits-enfants, et de pouvoir prendre dans quelques années la tête du comité d'accueil de ma mère. C'est l'idée d'un «temps unique» qui rend cela possible. Le temps n'*existe* pas!

Quoi qu'il en soit, s'il est bien une chose que je sais, c'est celle-ci : après sa mort, j'ai *senti* la présence de mon père. Je pourrais même jurer qu'il m'a dit, très lentement : «Oh! voilà donc *qui* tu es vraiment!» À l'évidence, il n'avait pas pleinement perçu qui j'étais de son vivant. Mais maintenant qu'il était parti, je sentais qu'il y parvenait. Et je le sens toujours. En dépit de tout ce qu'il a fait pour moi, en tant que père, il y avait des limites à ce qu'il pouvait faire parce qu'il y en avait à ce qu'il pouvait voir. Mais son décès n'a pas mis un terme à notre relation; nous en avons simplement entamé la phase suivante. Et ce qu'il m'apporte aujourd'hui, dans toute la pureté de l'esprit, fait plus que compenser ce qu'il m'a refusé quand il était sur Terre. Mon père n'a pas simplement vieilli, puis s'en est allé. En fin de compte, après sa mort, il est devenu encore davantage ce qu'il était.

Et moi aussi.

> *Cher Dieu, guéris ma relation avec mes parents, je T'en prie... qu'ils soient encore sur Terre ou qu'ils aient franchi le voile de la mort. Que seul subsiste l'amour entre nous. Pourrais-je ne pas être brisée par leurs faiblesses, mais renforcée par leurs forces. Qu'ils soient en paix, et moi de même. Aide-moi à leur pardonner et accorde-moi Ton pardon, s'il Te plaît. Amen*

DANS NOTRE JEUNESSE, NOUS RENCONTRONS NOS DRAGONS PSYCHIQUES ; une fois que nous parvenons à la cinquantaine, s'ils sont toujours là, il est temps de les abattre. C'est le moment de nous engager pleinement à guérir les blessures de l'enfance qu'il nous reste. Sans quoi il ne saurait y avoir de victoire spirituelle.

Il n'est pas aussi difficile de parvenir à cicatriser ces plaies que nous le pensons parfois, dès que nous sommes honnête par rapport à : 1) ce qu'elles sont, et 2) qui en est 100 % responsable. Telle blessure infligée autrefois par autrui est désormais un trait de caractère défectueux qui nous appartient totalement. Tant que nous projetons la responsabilité de nos dysfonctionnements sur les autres, nous ne pouvons pas les résoudre. Quelle que soit l'origine d'une blessure, et l'époque à laquelle elle nous a été infligée, sa guérison ne peut s'effectuer dans le passé, mais dans le présent seulement. Votre subconscient va continuer de la titiller aussi longtemps que nécessaire ; vous souffrirez à 55 ans de la douleur d'un enfant de cinq ans, jusqu'à ce que vous laissiez cicatriser la blessure.

Lorsque la Bible nous dit de prier comme un petit enfant, ce n'est pas seulement à cause de la foi qui est la sienne. C'est également en raison de la souffrance de l'enfant. La façon la plus puissante de guérir une plaie est de demander à Dieu de nous l'enlever.

La guérison qui vient de Dieu n'est pas seulement quelque chose qu'Il fait *pour* nous ; c'est un acte qu'Il opère *à travers* nous et *avec* nous. Ce n'est qu'au moment où nous sommes prêt à essayer de trouver des formes-pensées plus élevées que nous disposons du pouvoir d'annuler les plus basses. Ce processus est à la fois plus important et plus puissant que la seule prise de conscience psychologique. « Je suis très en demande parce que mes parents m'ont abandonné ; mon partenaire idéal comprendra cela ! » exprime un sentiment qui commence par une prise de conscience, mais qui débouche ensuite sur un emprisonnement et non une libération. En réalité, votre partenaire idéal, en pareille situation, ne serait pas celui qui « comprendrait » vos attentes insatiables et y acquiescerait. Ce serait plutôt quelqu'un qui vous dirait avec beaucoup d'amour, mais aussi de fermeté : « Dépasse cela ».

Quelle est la solution spirituelle à ce problème ? Demander un miracle par la prière. « Cher Dieu, j'ai tellement d'attentes que cela détruit mes relations. Je T'en prie, guéris-moi et montre-moi une autre façon de me comporter. » Le changement auquel nous aspirons est toujours intérieur.

Et ce changement viendra. J'ai constaté qu'aussi long-temps que je suis disposée à *être* différente, quelque chose ou quelqu'un se présente toujours pour me montrer comment y parvenir. Le mode de fonctionnement sain que vous n'avez jamais pu développer, enfant, parce que vous étiez trop blessé ou traumatisé pour cela, vous apparaîtra chez quelqu'un qui n'a *pas* été meurtri dans ce domaine spécifique. Cette personne semblera surgir de nulle part pour vous en faire la démonstration. Et lentement mais sûrement, vous appren-drez à vous comporter comme vous auriez voulu pouvoir le faire si vos blessures ne vous avaient empêché de le découvrir.

Quand on atteint la cinquantaine, notre lot est le change-ment. Nous vivons désormais une époque de possibilités quantiques, non seulement par rapport à l'âge physique qui est le nôtre, mais en égard à l'histoire du monde. C'est comme si l'Univers se scindait en deux — ce qui est peut-être le cas. Que ceux qui veulent poursuivre leur plongée vers les dysfonctionnements, l'irresponsabilité, la revendication de droits, le narcissisme, la domination et la peur prennent par ici ; que ceux qui veulent faire une percée pour atteindre les plus hautes possibilités accessibles à la vie sur Terre pren-nent par là. Nous pouvons faire le choix de mourir à ce que nous avons été jusque-là pour nous dresser dans la lumière d'une nouvelle identité.

Nous n'irons pas beaucoup plus loin, dans l'état actuel, et le monde où nous vivons, pas davantage. Nous pouvons soit lâcher prise avec grâce sur ce que nous étions pour atteindre une transcendance toujours plus grande ; soit y renoncer avec colère, et laisser l'amertume et le chaos se répandre dans notre vie. À chaque instant, nous avons l'occasion d'expirer de vieilles énergies et d'inspirer une vie nouvelle; d'expirer la peur pour inspirer l'amour; d'expirer la petitesse pour inspirer l'ampleur; d'expirer la grandiloquence pour inspirer la vraie grandeur. La renaissance est un processus progressif consistant à accueillir et à embrasser l'être que nous souhaitons véritablement devenir.

Observez attentivement à quoi ressemble votre vie, actuellement. Si l'un ou l'autre de ses aspects vous déplaît, fermez les yeux et imaginez quelle vie vous préféreriez mener. Concentrez ensuite votre vision intérieure sur la personne que vous seriez si vous viviez cette existence-là. Prêtez attention à ce qui différerait dans votre manière d'être et de vous présenter; puis, accordez-vous le temps de passer quelques secondes à inspirer cette nouvelle image et insufflez cette énergie dans ce nouveau moule. Maintenez cette vision quelques secondes et demandez à Dieu de l'imprimer dans votre subconscient. Faites cela tous les jours, durant une dizaine de minutes environ.

Si vous partagez cette technique avec certaines personnes, il y a des chances qu'on vous dise qu'elle est beaucoup trop simple. À vous de savoir ce que vous voulez croire.

> *Cher Dieu, grave en moi, s'il Te plaît, la vision de l'être que je suis censée devenir. Révèle-moi la vie à plus grande échelle que Tu voudrais me voir vivre. Défais les forces qui me maintiennent captive afin que je puisse Te servir davantage. Amen*

JE PENSE QUE LA PLUPART D'ENTRE NOUS ONT UN RÊVE, une aspiration secrète que nous n'osons pas révéler à quiconque, de peur qu'on se moque de nous. Pourtant, ce rêve demeure dans notre tête comme une image qui ne s'efface jamais vraiment.

Parvenu à mi-parcours de votre vie, vous vous demandez soudain pourquoi cette image ne s'est jamais totalement dissoute. Et vous vous dites que c'est peut-être votre destin, planté dans votre cerveau comme une graine certes petite, mais puissante. Vous vous demandez si ce rêve est toujours là pour la bonne raison que vous êtes censé le vivre. Peut-être que votre subconscient essaie de vous adresser un message à propos de quelque chose de très important?

Lors de mes conférences, les gens me demandent souvent : «Quand vais-je savoir ce que je suis censé faire de ma vie?» En ce qui me concerne, cette question a évolué : la seule façon dont je puisse savoir ce que je suis censée faire, c'est de me fixer sur qui je devrais *être*. Cela ne veut pas dire que nous ne sommes pas appelé à faire de grandes choses, mais Dieu ne peut travailler *pour* nous que dans la mesure où Il peut œuvrer *à travers* nous. Nous concentrer sur qui Il voudrait que nous soyons est la seule manière sûre d'avoir une chance de faire ce qu'Il désire nous voir faire.

Quand on a atteint un certain âge, on a tendance à réévaluer ses attentes. On en attend moins du monde extérieur, parce qu'on l'a vu de près ; on sait que personne n'est parfait, soi-même y compris. Du coup, on apprécie d'autant plus la dimension où la perfection existe. La grandiloquence de l'ego s'efface tandis que se révèle enfin la grandeur de l'esprit. Ayant véritablement vu le monde, nous avons pu constater qu'il est terni ; et ayant enfin eu un aperçu de Dieu, nous avons vu que Lui ne l'est pas. Il faut avoir observé la juxtaposition des deux pour pouvoir enfin lui dire : «Sers-Toi de moi, je T'en prie ; je T'appartiens. »

Avec toutes ses joies et ses larmes, la partie de votre existence qui vient de s'achever était un camp d'entraînement spirituel. C'était une période de gestation pour la vie qui vous attend désormais. Le rêve secret que vous portez en vous depuis toujours, dont vous niiez la réalité jusqu'à vous-même, a refusé de partir : il est désormais prêt à naître.

En quelques rares occasions dans ma vie, j'ai entendu une voix dans ma tête aussi clairement que si une personne proche s'était adressée à moi. Une fois, au cours d'une période si sombre que je pensais ne jamais parvenir à la surmonter, j'ai entendu les mots suivants : «Ce n'est pas la fin. C'est le commencement. »

Et il en fut ainsi.

Une vie nouvelle n'est pas le fruit d'une stratégie, mais du caractère. Tant que vous n'aurez pas compris cela, vous vous direz peut-être que la clé du futur consiste à dresser des plans et à envisager diverses options pour l'avenir. Mais la véritable clé de la victoire est intérieure. Ce que vous faites doit correspondre à ce que vous êtes, sans quoi votre manque de cohérence sabotera jusqu'à vos plans les plus brillants.

Au fil des dernières années, j'ai trouvé fascinant d'observer la chute précipitée des grands et des puissants du monde des affaires et de la politique, non pas parce que leurs plans n'ont pas fonctionné, mais en raison des défauts de caractère ayant saboté ces plans. Que ce soit parce qu'un micro a surpris leurs commentaires racistes ou parce que leur cupidité a pris le dessus sur le bon sens, c'est leur personne même qui s'est révélée plus déterminante que leur CV, leurs diplômes et même leurs succès antérieurs. Si vous ne cultivez pas l'art d'être et de rester humain, vous courtisez imprudemment le désastre. Mais comment, justement, cultive-t-on l'amélioration de son humanité ? Quel est le mode d'emploi de la transformation personnelle ?

Ce que j'ai appris, si tant est que j'aie connu quelques succès en la matière, c'est que le droit chemin se parcourt un pas à la fois. Que vous vous révéliez finalement un pauvre type ou un saint n'a pas grand-chose à voir avec vos croyances ni avec la théologie, mais avec votre intégrité personnelle. La transformation du cœur ne s'opère pas à coups de croyances, car celles-ci n'émanent pas du cœur. Ce n'est pas le mental qui assure cette transformation, mais la reddition, l'authenticité, le pardon, la foi, l'honnêteté, l'acceptation, la vulnérabilité, l'humilité, la bonne volonté, le non-jugement et les autres traits de caractère qu'il faut sans cesse apprendre et réapprendre.

On peut manquer certains cours à l'école, mais on ne peut rater aucune des leçons de la vie. Elles nous rattrapent. Si le temps est venu pour nous d'en apprendre une et que nous ne le faisons pas à ce moment-là, il est alors programmé dans l'Univers qu'il nous faudra l'assimiler plus tard. *Un cours en miracles* dit que ce qui dépend de nous, ce n'est pas ce que nous apprenons, mais le fait que cet apprentissage se déroule dans la joie ou dans la douleur.

Notre destin, quand on atteint la cinquantaine, est d'apprendre. Désormais, quelles que soient les parties de vous qui bloquent l'émergence de votre *moi* le plus élevé et le meilleur, elles doivent céder. Et, d'une manière ou d'une autre, elles le feront.

Permettre à la souffrance de notre évolution personnelle de devenir un creuset pour notre esprit — un Graal alchimique où le métal de notre ancien *moi* se changera en or — est l'une des tâches les plus difficiles auxquelles nous convie l'existence. La douleur peut vous brûler et vous détruire comme elle peut vous brûler et vous racheter. Elle peut vous plonger dans le désespoir le plus sombre ou vous faire accéder à votre *moi* supérieur. Ayant atteint la cinquantaine, c'est à nous qu'il revient de choisir — consciemment ou inconsciemment — la voie de la victime ou celle du phénix qui s'élève enfin.

L'évolution personnelle peut être douloureuse et la mise au monde d'un nouveau *moi*, difficile. Vieillir se fait tout seul, mais acquérir de la sagesse, c'est une autre paire de manches ! Parvenus à un certain point dans la vie, la plupart d'entre nous ont effectivement souffert. On a tous été déçus. Certains de nos rêves sont bel et bien morts, et on a du mal à pardonner, que ce soit aux autres ou à soi-même. Quand on vieillit, le défi n'est pas d'éviter les déceptions de la vie, mais de les transcender. On y parvient en apprenant les leçons qu'elles véhiculent, aussi douloureuses soient-elles, et en ressortant de l'autre côté, prêt à se créer une nouvelle vie avec l'aide de Dieu.

> *Cher Dieu, puisse mon esprit renaître afin que je devienne quelqu'un de meilleur. Je Te fais don de ma honte d'avoir été qui j'ai été parfois, et de mon espoir de devenir qui j'aspire à être. Je T'en prie, reçois-les tous deux. Amen*

Mais rien de tout cela n'est facile.

L'ego n'a pas la moindre intention de nous laisser gagner en éclat et en spiritualité, au fil des ans. Il n'est pas dans ses intentions de nous permettre de nous découvrir comme êtres de pouvoir, de joie et d'esprit, pas s'il peut s'y opposer. Son objectif est de détruire ce rêve, non seulement en nous cassant physiquement, mais aussi en nous brisant le cœur.

De ses quartiers généraux, au plus profond de notre subconscient, l'ego attire et concrétise nos cauchemars. Il fabrique de faux témoignages en faveur de notre culpabilité et de notre duplicité, trouvant les moyens de nous faire honte et de nous humilier, se transformant pour adopter les formes les plus insidieuses afin de nous railler et nous tourner en ridicule, à la moindre occasion. Nous nous laissons attirer par la ruse dans le trou noir du doute et du mépris de nous-même, tandis que des problèmes plus ou moins secrets nous obscurcissent l'horizon. À chaque année qui passe, nous perdons un peu plus de courage en même temps que de tonicité musculaire.

Mais tout cela n'est que le jeu de la vie tel que chacun de nous doit le jouer. Nul parmi nous ne peut éviter la nuit, quels que soient nos efforts pour prolonger le jour. Et la nuit possède son propre lot de leçons. À un certain point dans la vie, c'est tout simplement notre destin que de nous retrouver face à nous-même, de devoir affronter tout ce qui n'est pas guéri en nous et d'être mis au défi de transformer nos blessures ou de commencer à en mourir.

Si, quand vous vous penchez sur votre parcours de vie jusqu'ici, vous avez l'impression d'avoir combattu des forces primaires sans l'avoir toujours emporté, soyez sûr que vous êtes à peu près dans la même situation que tout le monde. Rares sont ceux qui atteignent la cinquantaine sans avoir beaucoup à pleurer. Et que vous reconnaissiez ou pas la présence de vos larmes — que vous leur laissiez ou pas l'occasion de rouler sur vos joues– il ne fait aucun doute qu'elles sont là.

Arrogante dans sa modernité, notre génération se croyait imperméable aux anciens mythes et aux archétypes. Nous pensions pouvoir échapper à la descente dans les enfers psychiques… jusqu'au moment où nous avons compris que nul ne le peut et que nul n'y parvient. Et il y a une raison à cela. Cet univers souterrain de douleurs et de crises personnelles, s'il est difficile, est aussi le terreau fertile incontournable des forces et des talents qu'il nous faut incarner. Nos problèmes deviennent nos remèdes lorsque nous acceptons enfin de voir comment nous les avons créés, à l'origine. Nous verrons un jour que cette médecine spirituelle — si souvent amère à avaler — est ce qui nous a sauvé la vie. D'un divorce à une faillite ou à quelque autre forme de perte, vous réaliserez un jour que la crise que vous avez vécue a été, en réalité, votre initiation à la plénitude de votre être.

Pour avoir traversé le feu de votre initiation et y avoir survécu, vous pouvez désormais servir les autres d'une tout autre manière. En tant que témoignage vivant d'une vie qui s'est transformée, vous portez dorénavant une connaissance sacrée dans les cellules et un feu sacré dans la tête et le cœur. Ce n'est pas la flamme de la jeunesse, mais le feu de Prométhée qui est revenu avec la lumière qui allait éclairer le monde. Cette lumière-là, il ne vous était possible de l'obtenir qu'en affrontant une version ou l'autre de votre enfer personnel; vous voilà vacciné contre les feux qui font rage autour de vous. Parfois, seul le feu peut éteindre le feu, et c'est une flamme de cette nature qui brûle désormais en vous. Ce ne sont pas les feux de la destruction, mais la flamme de la victoire. C'est le brasier de votre milieu de vie.

Chapitre quatre

DIEU SEUL SAIT

À un certain point dans la vie, presque tout le monde est hanté par les fantômes de son passé. Il y a des choses qu'on a faites qu'on aurait préféré éviter, et certaines, au contraire, qu'on regrette de n'avoir pas réalisées. Des membres de la famille qu'on a négligés aux amis qu'on a laissés tomber, en passant par nos agissements irresponsables et nos occasions manquées, certaines situations qui nous paraissaient floues lorsque nous étions plongé dedans nous semblent rétrospectivement limpides.

Et durant toutes ces années où nous négligions des choses qui, par la suite, sont apparues comme les plus importantes de la vie, nous ne cessions de répéter d'un air affligé que nous étions en quête de sens. Et si nous souffrions de ce manque de sens, c'était simplement parce que nous n'en attribuions aucun aux situations que nous avions sous le nez. Car le sens n'est pas ce que nous offre une situation, mais bien ce que nous lui donnons. Mais qui d'entre nous le savait ?

Il est effrayant d'admettre qu'on n'a pas toujours traité la vie avec le respect qui lui est dû. Et chez les gens de la génération des années 60, qui atteignent maintenant le mi-parcours de leur vie, c'est une prise de conscience fréquente. En faisant voler en éclats quelques vieilles notions démodées de morale, nous en avons souvent démoli quelques éternelles par la même occasion. Il ne s'agit pas de répudier la nature outrancière de cette époque ; à bien des égards, ce fut une explosion créative en nous-même et dans le monde. Mais elle comportait une ombre, comme tout le reste. Et à un certain point, affronter notre ombre est la seule façon de la dissiper.

Cette nuit noire de l'âme — regarder en face le mépris qu'on se porte en raison de ses erreurs passées — est comme un ticket d'entrée pour accéder à une cinquantaine revitalisée. On doit parfois se pardonner des décennies entières de vie avant de se sentir libre d'aller de l'avant. Bon nombre d'entre nous ont envoyé ou reçu des lettres disant quelque chose du style : «Je regrette de t'avoir blessé ; j'étais tellement stupide, en 1985. » Indépendamment des désagréments qu'il faut endurer pour atteindre ce point, il est gratifiant de sentir qu'on s'est libéré d'une tranche suffisante de son passé pour faire place à une nouvelle évolution.

Certaines personnes se demandent pourquoi l'énergie ne semble plus les pousser en avant dans leur vie, alors qu'en réalité les seules choses qui les immobilisent sont leur refus d'affronter les situations qui doivent encore l'être, les ombres qu'il leur reste à s'approprier et les torts qu'elles doivent encore réparer, afin de libérer leur énergie et de redémarrer leur moteur. Aussi longtemps que nous sommes bloqué intérieurement, notre vie le sera extérieurement ; la seule façon d'élargir nos horizons est d'approfondir notre connaissance de nous-même. Peu importe que le problème date de plusieurs dizaines d'années, le défi consiste à le regarder en face et à nous en occuper afin d'être libéré, dans les décennies à venir, du piège karmique d'avoir à répéter les désastres du passé.

Une fois encore, ce qui pourrait passer pour un ralentissement est tout sauf cela. Le travail intérieur s'effectue parfois plus facilement en restant assis à réfléchir qu'en étant affairé à courir en tous sens. Un agenda surchargé empêche d'entreprendre une introspection profonde ; or, en milieu de vie, une telle stratégie d'évitement ne fonctionne tout simplement plus. Un rythme de vie plus lent, des bougies et de la musique douce, du yoga, de la méditation ou autres activités apparentées sont souvent les signes d'un nouveau printemps intérieur. Il s'agit de se focaliser sur les changements qui favorisent cette exploration intérieure. Je connais une femme ayant débuté une thérapie à plus de 80 ans ! Les connaissances qu'elle a ainsi acquises sur sa vie jusque-là n'ont pas été utiles qu'à elle seule. Elles ont influencé ses conversations avec ses enfants et celles de ces derniers avec les leurs, augurant une série ininterrompue de miracles, fruits de cette connaissance plus profonde de soi.

À LA CINQUANTAINE, LA PLUPART D'ENTRE NOUS ont intériorisé beaucoup de douleur émotionnelle. Celle-ci peut empoisonner notre être ou en sortir. Ce sont à peu près nos deux seuls choix. Il arrive que la dépression soit à l'âme ce que la fièvre est au corps : une manière de brûler ce qui doit se consumer pour que la santé revienne. Certaines nuits noires de l'âme durent des mois ou des années, d'autres, simplement une nuit ou deux. Dans un cas comme dans l'autre, elles font partie de la détoxification mystique des peurs et du désespoir que nous avons accumulés. Toute pensée non réconciliée avec la vérité reste dans notre «boîte de réception» psychique, est mise à la poubelle, mais elle n'est pas encore effacée du disque dur de l'ordinateur. Toute énergie qui n'est pas mise en lumière, libérée et transformée reste dans l'ombre comme une force insidieuse livrant une attaque active et constante, à la fois contre le corps et l'âme.

Même si vous avez eu une vie assez agréable, à moins de l'avoir vécue dans quelque village retiré des montagnes où tout le monde était gentil en permanence, vous trimballez en vous votre lot de souffrances. Dans la trentaine et la quarantaine, vous étiez tellement occupé que vous parveniez à vous en distraire, mais à l'approche de la cinquantaine, cette douleur demande à être entendue. Et elle le *sera*. Car il vaut beaucoup, beaucoup mieux l'entendre dans votre tête et dans votre âme que de la bouche du médecin quand arrivent vos résultats de tests de laboratoire qui ne sont malheureusement pas très bons.

Quand on regarde la télé ces temps-ci, on est bombardé de publicités pour des somnifères. Il est tout à fait compréhensible, bien sûr, que les gens qui doivent se lever pour aller au travail le lendemain matin fassent pratiquement n'importe quoi pour passer une bonne nuit de sommeil. Mais il y a là une problématique plus profonde, celle de personnes en quête d'une aide pour gérer les monstres qui émergent souvent de leur psyché à une heure tardive de la nuit. Certains d'entre eux doivent pouvoir sortir. On doit les libérer des grottes où ils croupissent. Ils nous apportent de douloureux messages, il est vrai, mais cette douleur est souvent importante. Si vous n'éprouvez pas de culpabilité, comment trouverez-vous la motivation pour réparer vos torts? Si vous n'avez aucun mépris pour vous-même, qu'est-ce qui vous motivera à agir de façon plus responsable, la prochaine fois ? Si vous fuyez la douleur, vous raterez le cadeau qui l'accompagne. À vouloir supprimer ces monstres, on ne fait que les rendre plus énormes encore. Ce n'est qu'en les laissant sortir — et en vous donnant l'autorisation de les regarder en face — que vous aurez la certitude qu'ils s'en iront pour de bon.

Il n'est pas toujours très drôle d'affronter votre passé — non pas la version de votre vie qui a été blanchie à la chaux et historiquement révisée, mais la véritable histoire sur laquelle vous ne vous penchez pas tous les jours, parce qu'elle susciterait en vous un mouvement de recul. Il ne s'agit pas tant d'événements que vous ne voulez pas que les autres apprennent ; ceux-ci ne sont sans doute pas pires que ce que les autres ont pu commettre dans leur propre vie. Comparé à d'autres, vous vous en êtes même peut-être assez bien sorti. Mais chaque fois que vous n'avez pas été à la hauteur du meilleur de vous-même, la honte subsiste comme une toxine souterraine. Vous vivez avec des regrets qui vous hantent, rarement durant la journée sans doute, car la vision de l'ego illusionniste tient le pavé, mais plutôt durant la nuit, quand aucune pilule, aucune boisson ni aucune dose de sexe ne parvient à les tenir à distance. Ils passent à travers les portes fermées de votre esprit, comme si c'étaient des fantômes, ce qu'ils sont justement. Et nul « Allez-vous-en, maintenant ! » ne réussira à les chasser.

SEULE LA TÂCHE RIGOUREUSE consistant à entreprendre un inventaire moral intrépide y parviendra — faire preuve de bravoure, par respect pour notre conscience, sachant que, si le temps est venu d'examiner un point, il vaut mieux le faire.

Ce qui peut s'avérer difficile. Dans les mots du dramaturge grec Eschyle : «Celui qui apprend souffre. Même dans le sommeil, la douleur qu'on ne peut oublier tombe goutte à goutte sur le cœur, et dans notre désespoir, contre notre gré, par la grâce terrible de Dieu, nous vient la sagesse.» Anesthésier sa conscience — dans le sommeil ou à l'état de veille — n'efface pas la douleur ; seuls le pardon et l'amour en sont capables. Alors, par l'alchimie de la réparation et de la grâce, les fantômes retourneront au néant d'où ils viennent. Le passé ne sera plus, et vous serez libre.

> *Cher Dieu, pardonne-moi s'il Te plaît les erreurs*
> *de mon passé pour que je ne sois plus entravée par*
> *elles, ni personne d'autre non plus. Seigneur, je*
> *T'en prie, permets-moi de recommencer à neuf.*
> *Amen*

PARMI LES FLÈCHES LES PLUS PERNICIEUSES que nous lance l'ego dans la cinquantaine, figure la crainte récurrente que «le temps nous soit compté». Mais sitôt que notre conscience se dilate, le temps le fait aussi. Notre ennemi n'est donc pas le temps, mais les *pensées erronées* que nous cultivons à son propos.

Dans la Bible, il est dit : «Et le temps ne sera plus.» Mais plutôt que d'annoncer la fin du monde, cette phrase signale peut-être le moment où l'on cesse de subir le temps comme on le fait actuellement. Quand elles sont bien vécues, les années suivant le début de la cinquantaine sont plus longues que celles entre 20 et 50 ans. En fait, on dispose de davantage de temps qu'on ne le pensait. La clé, pour allonger le temps, est de vivre plus profondément le présent. Qui s'y emploie fait une découverte merveilleuse : des choix dont il n'avait pas conscience tant qu'il allait trop vite pour les distinguer.

Arrivés à un certain point, la plupart d'entre nous ont une expérience suffisante du monde pour ne plus être naïfs à son propos. On sait ce qu'il nous donne et ce qu'il nous prend. On se souvient de moments de joie et d'instants de peine. Le défi, dans les deux cas, est de ne pas s'appesantir sur ces souvenirs.

Tant qu'il y a de la vie, l'amour reste possible. Et là où il y a l'amour, il y a toujours de l'espoir. Quoi que dise le miroir, quoi que disent le médecin et l'establishment : il y a de l'espoir. Il est tentant, par moments, de se dire qu'on a tout gâché dans le passé et qu'on ne peut plus rien faire pour se racheter. Ou que la cruauté du monde nous a fait échouer et qu'on ne peut plus se relever. Mais le miracle de la cinquantaine, c'est que rien de ce qui est arrivé jusque-là n'a la moindre incidence sur ce qui demeure possible, sinon que ce qu'on en a tiré comme leçons peut nous propulser vers un futur magnifique.

Des miracles peuvent survenir à tout instant, quand on manifeste le meilleur de soi-même. Ce n'est pas le nombre de nos années qui détermine la vie que nous allons vivre désormais, mais la quantité d'amour dont nous sommes capable. Notre futur n'est pas déterminé par ce qui s'est passé il y a 20 ans, 30 ans ou à peine dix minutes, mais par ce que nous sommes et ce que nous pensons, ici même et en cet instant précis. À pratiquement chaque heure de chaque jour, on se retrouve en situation d'être dans laquelle l'on n'a jamais été jusque-là, puisqu'on *sait* désormais ce que l'on ignorait auparavant. Et de cette nouveauté de notre être jaillissent de nouvelles opportunités qu'on n'aurait jamais pu imaginer autrement. Dieu est le spécialiste des nouveaux départs.

J'AI VÉCU UNE EXPÉRIENCE AUTREFOIS QUI M'A GRANDEMENT DÉPRIMÉE. Je me sentais blessée par quelque chose, dans mon passé, et relativement désespérée quant à mon futur. À peu près à cette époque, j'ai emménagé dans une maison au bord de l'eau, d'où je pouvais contempler chaque jour le lever de soleil, d'une beauté plus éblouissante que tout ce que j'avais déjà vu jusque-là. Chaque matin, le ciel ressemblait à une gravure sur bois japonaise qui aurait pris vie : les branches noires tournaient lentement au vert, le ciel d'ébène teintait de rose leur extrémité, restant d'un turquoise lumineux en dessous. Jamais auparavant je n'avais perçu la nature comme quelque chose d'aussi profondément spirituel. C'était absolument extraordinaire. J'étais persuadée d'avoir été guidée jusqu'à cette maison et cette vue depuis ma chambre à coucher, à titre thérapeutique.

Jour après jour, mes yeux s'ouvraient automatiquement sitôt que le soleil se levait. Je restais étendue et non seulement je contemplais l'aube, mais celle-ci *pénétrait* en moi. L'empreinte du lever de soleil — d'un nouveau jour consécutif à l'obscurité de la nuit — se frayait un chemin jusqu'à mes cellules. Et un beau matin, ce fut comme si j'entendais la voix de Dieu me dire, tandis que j'admirais l'aurore : « Voici la tâche que J'accomplirai en toi. » Moi aussi, je connaîtrais une nouvelle aube au terme de ma nuit noire de l'âme. Dieu m'accorderait un nouveau départ. Je le sus en cet instant. Et en refermant les yeux et en replongeant dans le sommeil, je L'en remerciai de tout cœur. Et mon cœur fut guéri.

JE SUIS SOUVENT SIDÉRÉE quand je regarde le patinage artistique aux Jeux Olympiques. Des patineurs qui se sont entraînés littéralement des milliers de fois se présentent devant un public mondial de téléspectateurs, lors de la compétition la plus importante de leur vie, et font soudain une chute qui pourrait détruire tous leurs rêves en une fraction de seconde. Combien d'entre nous s'effondreraient en cet instant ? Mais pas eux. Ils poursuivent. Ils doivent faire un autre triple axel une demi-seconde plus tard. Ils ne peuvent tout bonnement pas laisser leur passé déterminer leur futur. Et ce n'est pas là une aptitude seulement physique. C'est une compétence émotionnelle, psychologique. Une ressource que toute personne qui aspire à une seconde moitié de vie prospère, créative et excitante se doit d'acquérir.

Ce n'est pas simplement que « le passé est le passé ». C'est beaucoup plus grand — et en quelque sorte plus sacré — que cela. C'est que tout ce qui est arrivé jusque-là était une série de leçons souvent extraordinaires, souvent douloureuses. Et cependant, la seule chose qui se passait en réalité, c'est que l'on vous offrait ainsi la possibilité de devenir celle ou celui que vous étiez capable de devenir. Vous avez appris certaines de ces leçons, d'autres pas, et il vous faudra recommencer. Vous en avez apprécié certaines tout en résistant à d'autres, voire en les détestant. Mais elles ont fait de vous — si vous le voulez bien — quelqu'un de meilleur, une personne plus humble, plus disponible, plus vulnérable, plus sage et plus noble. Dès lors, tout est possible. Certes, un corps jeune, c'est merveilleux, mais ce corps n'est pas tout ce qu'il pourrait être tant que vous n'êtes pas qui vous devez être. Et quand vous l'êtes devenu, les craquelures de votre corps peuvent présenter une beauté qui leur est propre. Il n'est pas nécessaire d'être jeune pour être fabuleux.

Mais comment parvient-on à faire au plan émotionnel ce que ces patineurs réalisent au plan physique ? Comment se relève-t-on quand la vie nous a jeté à terre ? Comment surmonte-t-on son passé ?

En l'absence de pardon, cela est impossible.

UNE NUIT, J'ÉTAIS COUCHÉE AU LIT, au bord du sommeil, lorsque j'ai réalisé que j'avais été emmenée dans quelque dimension que je ne connaissais pas jusque-là. Je dis « emmenée » parce que j'ai eu le sentiment que quelque chose m'arrivait. En ce lieu, je sus que j'étais plus âgée et je n'aurais d'ailleurs pas pu y accéder si je ne l'étais pas. Mais il y avait une lumière, une luminescence qu'il m'aurait été impossible de connaître auparavant, de toute évidence. Je compris alors que, si je parvenais à vivre dans ce plan de façon régulière, je ne le jugerais pas inférieur à l'état propre à cet âge. Ce n'était pas un prix de consolation ; c'était visiblement une récompense. Je n'avais pas l'impression de porter un fardeau, mais plutôt d'avoir reçu un prix.

Oh, c'est donc à cela que ressemble le grand âge ! songeai-je en moi-même, soulagée que ce soit aussi merveilleux. Mais une réponse me vint très clairement : *Oui, mais pas pour tout le monde.* Je visitais un domaine intérieur qui n'était pas donné d'avance. Il fallait le choisir. On me le révélait dans un de ces instants où l'on est touché par la grâce, mais seulement à titre d'encouragement pour me montrer ce qu'il m'était possible de mériter. Car avant que le présent puisse briller comme cela, il me faudrait apprendre à pardonner.

Il est relativement facile de rester serein et rempli d'amour quand les autres agissent toujours comme on le souhaite, mais ce n'est pas une représentation très réaliste de la vie. Tout le monde est imparfait, tout le monde est blessé, et la plupart d'entre nous ont eu à souffrir une fois ou une autre de la cruauté ordinaire d'autrui.

Le pardon nécessite donc d'avoir foi en un amour plus grand que la haine et d'être disposé à voir la lumière dans l'âme d'un individu, même lorsque sa personnalité arbore l'ombre. Pardonner ne veut pas dire qu'Untel n'a pas agi d'une manière horrible, cela signifie seulement qu'on fait le choix de ne pas faire de fixation sur sa culpabilité. Car si l'on se concentre sur elle, elle devient réelle à nos yeux et, dès lors, elle est réelle *pour* nous. La seule façon de nous libérer de notre vulnérabilité au comportement des autres est de nous identifier à la part d'eux-mêmes qui réside au-delà de leur corps. Nous pouvons voir plus loin que leur attitude jusqu'à distinguer l'innocence de leur âme. Ce faisant, non seulement nous *les* libérons du poids de notre condamnation, mais nous *nous* libérons du même coup.

Tel est le miracle du pardon.

Pardonner, ce n'est pas seulement être *gentil*; c'est être spirituellement intelligent. On peut avoir des griefs ou bénéficier d'un miracle, mais on ne peut pas avoir les deux. On peut dresser l'acte d'accusation d'autrui, ou bien choisir d'être heureux. Les justifications que je me trouve pour attaquer autrui ne sont qu'un stratagème de mon ego pour *me* maintenir dans la souffrance.

Il m'a fallu des années pour accepter pleinement le concept selon lequel je suis à 100 pour cent responsable de ma propre existence. Responsable à 100 pour cent, ce n'est responsable ni à 34 pour cent, ni à 96 pour cent. À moins d'être prêt à accepter que vous êtes effectivement responsable à 100 pour cent de votre propre vécu, vous ne pouvez pas manifester le meilleur de vous-même.

Certaines personnes ruminent des griefs vieux de 20 ans. À un certain stade, cependant, il devient de plus en plus difficile de mettre tous vos problèmes sur le compte de ce que vous a fait telle personne, il y a si longtemps. Quoi qu'elle ait pu vous faire, le véritable coupable est celui qui laisse s'écouler 20 ans sans surmonter cela.

Il vous est peut-être arrivé des choses affreuses durant les années ayant précédé cet instant, mais c'est *vous* qui êtes malgré tout responsable de la façon dont vous avez choisi d'interpréter ces choses. Et l'interprétation de votre passé pour laquelle vous optez détermine si celui-ci va contribuer à votre élévation ou, au contraire, à votre dévaluation émotionnelle. Oui, il se peut que certaines personnes vous aient fait du mal d'une manière particulièrement méchante. Je le comprends. Mais vous avez tout à gagner à prendre conscience des façons dont vous leur avez peut-être facilité la tâche. Oui, dans certains aspects, votre vie est peut-être déficiente, triste, chaotique et décevante. Mais il en va de votre responsabilité de vous approprier le moindre recoin sombre de votre existence et de le transformer.

Je ne dis pas que le pardon est facile; j'affirme simplement qu'il est impératif.

Mon amie Gina a vécu un divorce très difficile, qui lui a amplement donné l'occasion de choisir entre le pardon et les reproches. Au terme de 11 années d'un mariage qu'elle jugeait heureux — et que tous ceux qui avaient eu l'occasion de les voir ensemble considéraient de même — son mari souhaita y mettre fin. Je n'ai jamais vu de relation où tous les problèmes proviennent d'une seule personne, aussi je ne porte aucun jugement ici sur le comportement de l'un ou de l'autre. En revanche, pour avoir cheminé aux côtés de Gina, je peux affirmer qu'elle a opté pour la voie du pardon... et que cela a payé. A-t-elle vécu un an d'enfer ? Oui, effectivement. Mais les efforts inlassables qu'elle a fait pour bénir son mari et lui pardonner — lui qu'elle refusait de chasser de son cœur, même s'il semblait l'avoir bannie, elle, du sien — n'étaient pas seulement une véritable source d'inspiration pour autrui, mais la démonstration évidente des miracles qu'opère le pardon. Elle continua de revendiquer l'amour qui existait entre eux, même si la forme de leur relation était mise en pièces. Elle était blessée, mais non amère. Elle continua d'avoir la foi. Il pouvait la quitter, mais elle ne renoncerait pas à l'amour qui les unissait. Et en l'espace de 18 mois, la boucle fut bouclée. Ils n'étaient plus mariés, mais leur amitié survécut.

C'était important pour Gina, non seulement pour qu'elle soit en paix avec son expérience antérieure de couple, mais pour qu'elle puisse aussi l'être avec un autre homme. Quand l'amertume du passé se déverse dans notre présent, elle sabote notre futur. Ma fille et moi évoquions souvent en plaisantant le fait que, même au beau milieu de son divorce, Gina exerçait une véritable attraction sur les hommes. Et nous comprenions bien pourquoi. Comme elle s'autorisait à éprouver sa douleur sans chercher à s'en défendre, elle gagnait en souplesse au lieu de s'endurcir, comme le font certaines personnes quand elles perdent leur amour. Je l'ai vue mûrir, mais jamais se blinder. Et l'amour continuait de se déverser en elle.

Vous pouvez passer le restant de vos jours à réagir à ce qui s'est passé et à le rejouer, mais cela ne vous sera d'aucune utilité et ne vous aidera pas non plus à trouver la lumière. De plus, tous ceux que vous croiserez sauront subconsciemment comment vous avez réagi à votre passé. Ils sentiront si vous êtes resté *coincé là* ou si vous êtes devenu meilleur pour être *passé par là*. «Pardonner et oublier» n'est pas une platitude. Nombreux sont ceux qui disent : «Oui, j'ai pardonné, mais je n'oublierai jamais.» Méfiez-vous de ce sentiment, car il vous rend subtilement esclave de vos souffrances. Oubliez vraiment ce qu'on vous a fait; souvenez-vous seulement des leçons que vous en avez tirées. Laissez tomber la croix. Embrassez le ciel.

> *Cher Dieu, apprends-moi à pardonner, s'il Te plaît. Montre-moi l'innocence d'autrui, mais aussi la mienne. Je T'abandonne mes pensées lourdes de jugements. Pourrais-je voir plus loin qu'elles et distinguer cette douce paix que seul procure le pardon. Amen*

L'EGO, FONDÉ SUR DES PEURS, amasse des preuves à charge à tout bout de champ, ce qui rend le pardon difficile. Il est obsédé par deux procès : celui qu'il intente à tous les autres et celui qu'il instruit contre vous.

Parfois, le visage qui apparaît dans le viseur n'appartient à nul autre que vous. C'est votre nom qui est inscrit sur l'étiquette du dossier que vous vous sentez obligé de poursuivre. C'est vous l'accusé à cause de vos erreurs passées; vous, à cause de votre stupidité passée, de votre immaturité et votre irresponsabilité passées; c'est vous, simplement parce que vous êtes vous.

Les témoins à charge sont partout et la salle d'audience est dans votre tête. L'ego n'est pas en quête de justice, mais de culpabilité, car c'est de cela qu'il se nourrit. Le procès qu'il vous intente ne se fonde pas seulement sur l'idée que vous avez *fait* quelque chose de mal, mais qu'à un niveau fondamental vous n'*êtes* pas comme il faut. C'est une condamnation à laquelle il est difficile d'échapper. Qui peut dormir en paix en étant convaincu d'être fondamentalement dans son tort?

Vous avez le sentiment d'avoir tout raté, dans tant d'aspects et de tant de manières différentes, et certaines nuits, on ne sait pourquoi, tout cela refait surface de manière si limpide… Quelle vie merveilleuse, n'est-ce pas, que d'avoir des mauvais souvenirs vieux de 20 ans qui vous bombardent comme des bazookas sortis de l'enfer (c'est bien ce qu'ils sont, d'une certaine manière)? Et vous n'avez nulle part où les ranger sinon dans cet épais dossier marqué «Toutes les façons dont je me suis planté». Comment imaginer que de bonnes choses vous attendent dans le futur, quand vous avez le sentiment d'avoir été si mauvais jusqu'ici? Comment être optimiste pour l'avenir, quand le regard que vous portez sur le passé est si implacablement critique? Et comment vous défendre contre un procureur impitoyable qui n'est autre qu'un aspect de vous-même?

Vous connaissez l'image religieuse évoquant la possibilité de «brûler en enfer à tout jamais»? Eh bien! Désormais, vous savez ce que cela signifie: une éternité d'angoisse, de culpabilité et de haine de vous-même. Ce n'est pas Dieu qui vous a envoyé là, mais bien l'ennemi tapi dans votre propre intellect. L'ego, le *moi* pétri de peurs, l'ombre, — quel que soit le nom que vous lui donniez — patrouillent activement dans le seul but de réduire en cendres votre tranquillité d'esprit.

Si vous pouvez avoir foi en votre capacité à échapper à ces flammes, c'est parce que Dieu se porte garant de votre innocence fondamentale. Il vous a créé innocent, et ce qu'Il crée est inchangeable et indestructible. Vous avez commis des erreurs? Qui donc n'en a pas faites? Mais la volonté de Dieu est que nous les corrigions, et non que nous soyons puni pour cela. Nous sommes puni *par* nos péchés et non à cause d'eux. C'est l'ego qui, tout à la fois, nous incite à mal agir et nous punit sauvagement pour l'avoir fait.

Un Dieu midéricordieux a déjà débouté toutes les plaintes à votre encontre, avant même que l'ego ait eu l'occasion de les déposer. Aussi noires qu'elles aient pu vous paraître, vos erreurs n'émanaient pas du *moi* qu'Il a créé. Voilà pourquoi la clé de votre délivrance des flammes de l'autocondamnation consiste à vous rappeler qui vous êtes véritablement.

Vous n'êtes ni meilleur ni pire que quiconque. Aussi fort que vous puissiez regretter votre passé, quelqu'un quelque part regrette le sien encore davantage. Le chemin du bonheur n'est pas déterminé par les erreurs que vous avez ou n'avez pas commises par le passé. Ce qui le trace, c'est le fait que vous ayez ou pas fait de celles-ci les catalyseurs de votre évolution personnelle et de votre illumination.

Pensez à tout ce par quoi vous êtes passé et essayez de réinterpréter votre vécu avec indulgence. Tout l'amour que vous avez exprimé était réel. De même, tout l'amour qui vous a été donné l'était lui aussi. Tout le reste n'était qu'une illusion, aussi amère ou cruelle qu'ait pu vous paraître l'expérience.

Je ne vous ferai pas l'insulte de vous dire : « Pardonnez-vous simplement vos erreurs. » Dieu vous pardonne, car Il ne vous a jamais vu autrement qu'innocent. Vos erreurs n'ont rien changé à la vérité ultime à votre sujet, comme elles n'ont en rien altéré la nature permanente de l'univers de Dieu. Votre ego n'a pas ce pouvoir. Réparez vos erreurs avec sincérité, faites amende honorable quand c'est possible et vous serez libre de recommencer à neuf.

D'après *Un cours en miracles,* chaque fois que vous n'avez pas exprimé votre meilleur *moi* — que vous n'avez pas manifesté tout l'amour dont vous étiez capable — tout le bien que vous avez fait dévier a été conservé en dot jusqu'à ce que vous soyez prêt à le recevoir. Dieu vous rendra toutes les années que les sauterelles ont dévorées. Et le passé tel que vous le connaissez ne sera plus.

Là où il y avait de la peur, l'amour finira par l'emporter. Que ce soit en réaction à vos propres erreurs ou à la cruauté du monde, Dieu aura toujours le dernier mot. Et Ses mots vous diront à quel point vous êtes aimé.

> *Cher Dieu, aide-moi à me pardonner pour ce que j'ai fait ou n'ai pas fait. Déverse sur moi Ton infinie miséricorde, pour que ma vie puisse être rachetée. Libère-moi de la honte, cher Dieu, et panse mon cœur brisé. Amen*

CHAQUE FOIS QUE JE ME SENS VICTIME de mon passé, je m'efforce de me rappeler certaines personnes dont le vécu a été non seulement bien pire que le mien, mais pire encore que tout ce que j'aurais pu imaginer. Et pourtant, elles l'ont surmonté.

Mon amie Naomi est une femme de 86 ans qui a survécu à l'Holocauste. La Deuxième Guerre mondiale débuta le jour de son dix-neuvième anniversaire quand les troupes allemandes franchirent la frontière polonaise, le 1ᵉʳ septembre 1939. À l'époque, Naomi vivait à Varsovie. Elle dut renoncer à l'existence d'une jeune femme se préparant à partir pour l'université en Angleterre, pour fuir les nazis en compagnie de sa mère, son mari, son frère et sa belle-sœur. Son père avait déjà été arrêté par les Russes et déporté en Sibérie. En 1943, après avoir survécu au bombardement de Varsovie, Naomi et les autres membres de sa famille furent entassés dans un fourgon à bestiaux pour un horrible voyage auquel beaucoup ne survécurent pas, pour être emmenés dans un camp de concentration à Auschwitz.

ELLE Y SÉJOURNA DE 22 À 24 ANS. Quels étaient mes problèmes, à cet âge? Mes amours, ma carrière et compagnie. Les siens? Adolf Hitler.

Le mari de Naomi, sa mère et sa belle-sœur moururent tous à Auschwitz. Sa mère décéda dans les fours crématoires. Puis, sa belle-sœur, après avoir dit un matin à Naomi qu'elle n'irait tout simplement pas travailler ce jour-là («Je ne peux plus le supporter, lui dit-elle. Je ne peux pas vivre ainsi»), disparut et ne revint jamais. Mon amie et des millions d'autres personnes vécurent dans un camp de concentration, dans des conditions plus horribles que ce que l'on n'a jamais infligées à des êtres humains avant ou depuis cela.

Finalement, Naomi en réchappa. Après avoir émigré aux États-Unis en 1946, elle se remaria et se retrouva bientôt veuve une seconde fois, seule à devoir élever trois jeunes enfants. Si quelqu'un avait pu mériter un passe-droit ou être pardonné pour avoir tout simplement baissé les bras et renoncé, ç'aurait été Naomi. Mais elle n'était — et n'est toujours pas — du genre à cela. Son caractère était plus fort que les circonstances. Elle a remarquablement élevé ses enfants, a lancé une entreprise d'import-export qui a fini par connaître un succès phénoménal (à une époque où rares étaient les femmes qui faisaient pareil, soit dit en passant) et a servi d'inspiration pendant des années aux innombrables personnes qui l'ont connue, moi y comprise.

En 2002, Naomi retourna en Allemagne avec son fils. Tandis que leur avion se rapprochait de Berlin et qu'elle regardait à travers le hublot le paysage qui s'étendait au-dessous, son fils lui demanda comment elle se sentait. Sa réponse, me confia-t-elle, la surprit elle-même : « C'est très étrange, mais je me sens bien. Je reviens ici selon mes propres conditions. Personne ne m'y contraint. Je fais cela de mon plein gré. »

En visitant Wannsee — où Hitler et ses commandants en chef avaient tracé les plans de la « solution finale », soit l'extermination complète des Juifs — Naomi s'évanouit. Mais la réconciliation avec son passé se poursuivit. En 2003, elle entreprit un voyage à haute charge émotionnelle jusqu'à Auschwitz. Après avoir pleuré durant tout le trajet, elle fit une curieuse expérience en arrivant. Au moment de passer le portail à l'inscription d'une ironie célèbre, « Arbeit mach frei » (« Le travail rend libre »), elle se sentit devenir forte, très, très forte. Elle n'éprouva pas la douleur à laquelle elle s'attendait. Elle sentit plutôt un esprit de victoire la traverser en même temps que cette prise de conscience : *Oh, mon Dieu !*

je suis revenue... et j'ai survécu! J'étais venue ici pour mourir, mais je ne suis pas morte! Celui qui voulait ma destruction a lui-même été détruit, mais moi j'ai survécu. Je suis une survivante! En cet instant, elle sut ce que signifiait *être* une survivante, non seulement physiquement parlant, mais aussi émotionnellement et spirituellement parlant. Et elle était libre.

— J'ai senti que je pouvais bâtir sur mon passé, me dit-elle, mais je savais que je ne pouvais pas y vivre. Bien que j'aie connu l'Holocauste, je ne me suis jamais appesantie dessus.

» J'ai vécu quelque chose de terrible, mais j'aime à penser qu'il en est sorti du bon. J'ai tellement plus d'empathie. J'aime bien me dire que cela a fait de moi quelqu'un de meilleur.

» L'espoir subsiste toujours en nous. En dépit du fait que tout paraît si sombre, il y a quelque chose en nous qui continue de penser que les choses vont s'arranger. Je savais qu'il me fallait regarder en direction du futur. Je devais sans cesse me demander ce que je pouvais faire *maintenant* pour être plus productive. Je voulais vivre pour l'avenir, pour moi et mes enfants. Et je l'ai fait.

Chaque fois que je commence à m'apitoyer sur moi-même, je me remémore Naomi. Je me souviens de ceux qui ont péri dans l'Holocauste. Je me rappelle qu'aujourd'hui encore — en Somalie, au Darfour et ailleurs — il y a des gens qui connaissent de telles atrocités. Et la gratitude que j'éprouve pour l'existence extraordinairement facile, toutes proportions gardées, que j'ai connue à ce jour m'élève jusqu'en un lieu où je comprends que, même si elle n'est pas d'une félicité constante, ma vie justifie que je remercie Dieu à chaque minute de chaque jour. Et c'est ce que je fais.

Sɪ ᴍᴏɴ ᴀᴍɪᴇ Nᴀᴏᴍɪ ᴀ ᴘᴜ ʀᴇʙᴀ̂ᴛɪʀ sᴀ ᴠɪᴇ ᴀᴘʀᴇ̀s ᴄᴇ ᴏ̨ᴜ'ᴇʟʟᴇ ᴀ ᴄᴏɴɴᴜ, qui d'entre nous ne possède pas en lui les forces nécessaires à reconstruire la sienne ? Nous avons la responsabilité morale, non seulement envers nous-même, mais aussi pour favoriser une marée montante d'espoir collectif, de faire tout notre possible pour renaître des cendres qui polluent notre passé. Hier, c'était hier, mais le passé est terminé. Aujourd'hui est aujourd'hui, et demain nous attend.

Ce qui est arrivé hier n'était peut-être pas formidable, ni même sous votre contrôle. Mais ce que vous êtes devenu grâce à cela, ou malgré cela, dépend complètement de vous. J'ai connu des gens n'ayant vécu qu'une fraction des traumatismes qu'a connus Naomi, mais qui ont néanmoins pataugé dans la boue de leurs griefs durant des décennies à cultiver une mentalité de victime. L'histoire de Naomi, comme celles de nombreux autres, prouve que nous ne sommes pas notre passé. Ce n'est pas tant ce que la vie nous jette à la figure qui détermine notre existence que le degré auquel nous sommes prêt à nous jeter dans ses eaux.

Si mon amie Naomi a réussi à poursuivre sa route après Auschwitz, qui donc parmi nous — et pour quelle raison ? — ose prétendre ne pas en être capable ?

> *Cher Dieu, débarrasse-moi s'il Te plaît des douleurs de mon passé. Retire les flèches qui m'ont transpercé le cœur et soigne mes plaies ouvertes.*
> *Amen*

Chapitre cinq

SA MANIÈRE D'AGIR ET LA COULEUR DE SES CHEVEUX

J'ai toujours eu l'intuition que, lorsque j'aurais la cinquantaine, je m'autoriserais à ne plus me cacher. Je trouvais le monde si effrayant, quand j'étais plus jeune, et si inexplicable (du moins, personne ne me l'avait expliqué) que je m'efforçais d'y survivre en me cachant. Certains regarderont ma carrière et diront sans doute : «Ce n'est pas ce que j'appelle se cacher», mais personne ne sait vraiment ce que les autres gardent pour eux et s'interdisent d'exprimer.

J'ai vécu une scission typiquement américaine, une affection névrotique dont ont été victimes de nombreuses femmes de ma génération. Je ne l'avais pas réalisé consciemment — rares sont celles d'entre nous qui le firent — mais le message que nous avions intériorisé, au nom de la libération, était que nous ne nous libérerions qu'en devenant des hommes. Nous avions le choix entre être séductrices et sexy, ou alors intelligentes et prises au sérieux; nous ne pouvions pas être les deux à la fois. Ainsi, plusieurs d'entre nous firent ce qu'elles pensaient devoir faire : nous avons supprimé la déesse en nous, la vieille femme pleine de sagesse, afin de réussir dans un monde dont nous avions subconsciemment adopté le mépris pour tout ce qui est essentiellement féminin.

Je ne crois pas avoir pleinement pris plaisir à être une femme, sans la moindre honte, avant d'avoir bien entamé la quarantaine. Avant cela, je me sentais très ambivalente. Et cette ambivalence en moi, quant aux aspects les plus savoureux de la féminité, suscitait autour de moi une réaction identique chez les hommes comme chez les femmes. Quand on éprouve de la culpabilité à propos de quelque chose, que l'on mérite ou pas cette attaque, on attire toujours à soi quelqu'un qui reflète et verbalise notre propre condamnation. Quoi que j'aie fait dans la vie — y compris les choses les plus outrancières — si j'estimais que c'était acceptable, la plupart des gens qui m'entouraient pensaient de la même façon. En revanche, chaque fois que je n'étais pas claire ou que j'avais honte de quelque chose, il y a toujours eu quelqu'un pour m'assener un coup de matraque émotionnelle en plein cœur. Parmi les cadeaux qu'apporte l'âge figure la capacité à pouvoir beaucoup plus facilement ignorer l'opinion d'autrui. On a vécu assez de choses pour connaître ses véritables sentiments et, dès lors, on est prêt à vivre l'existence qu'on aurait menée depuis le début si on l'avait jugée acceptable.

Subconsciemment — ou peut-être pas tant que cela — j'étais la « fille à son papa » que décrit si bien Jung, prenant modèle sur la vie de mon père, tout en ayant l'impression erronée que celle de ma mère n'était pas assez « importante ». Le prix que j'eus à payer pour ce que je considère désormais comme une illusion de supériorité masculine fut énorme. Ma mère savait des choses — des choses de tous les jours, des choses pleines de sagesse — qu'elle s'efforçait de me dire, mais je ne l'écoutais pas.

Un jour, j'étais assise en compagnie de quelques amies et nous discutions du choix d'une autre camarade nous demandant si elle devait ou pas avorter, lorsque ma mère lança : «N'êtes-vous pas assez âgées, les filles, pour savoir qu'un enfant illégitime, ça n'existe pas?» L'une d'entre nous souligna que cela posait un problème de paternité, à quoi ma mère répondit froidement : «Non, mais, les filles, vous croyez vraiment que toutes les personnes que vous connaissez ont grandi en ayant un papa qui était *vraiment* leur père? De *mon* temps, les femmes savaient *tenir leur langue!*» Nous étions abasourdies, et personne n'a pipé mot. Cette femme dont nous pensions qu'elle n'en savait pas autant que nous en connaissait en réalité infiniment plus à la fois sur la réalité et sur ce que c'était que d'être humain.

Désormais, je me sens fière de penser que, oui, je suis la fille de mon père… et je suis également la fille de ma mère.

> *Cher Dieu, pourrais-je corriger ma vision et transformer mon cœur à la mesure de mon incapacité actuelle à respecter la puissance et la gloire du sexe féminin. Amen*

CHEZ TOUTES LES ESPÈCES DE MAMMIFÈRES qui survivent et s'épanouissent, on observe une caractéristique anthropologique commune : la femelle adulte fait preuve d'un comportement féroce sitôt qu'elle perçoit une menace contre ses petits. Les tigresses et les lionnes, par exemple, se montrent d'une grande férocité lorsqu'elles sentent un danger pour leur progéniture. Chez les hyènes, qui n'ont pas vraiment la réputation d'être parmi les créatures les plus tendres, les femelles adultes encerclent leurs petits quand ils se nourrissent pour tenir les mâles à distance jusqu'à ce qu'ils soient rassasiés.

On pourrait s'attendre à ce que les femmes occidentales fassent mieux que les hyènes. Il y a pourtant des raisons pour lesquelles ce n'est et n'a pas été le cas. En Occident, ce n'est pas le manque de pouvoir politique qui en a empêché les femmes depuis quelques centaines d'années, mais la puissance de siècles d'oppression féminine. Des toxines émotionnelles se transmettent de génération en génération. On a cessé de brûler les sorcières, mais on n'a pas encore totalement extirpé de la conscience occidentale toute suspicion à l'égard du pouvoir féminin.

Au Moyen Âge, le terme *witch* — «sorcière» en anglais — signifiait «femme sage»; la laideur qui a ensuite été projetée sur les sorcières n'était qu'une caricature fabriquée par l'Église de l'époque, dans le but de dénigrer et d'anéantir le pouvoir des femmes. On a jugé que notre lien avec la Terre et notre spiritualité étaient des ennemis. Alors que les prêtresses païennes initiaient les hommes à leur virilité lors de rites sexuels, le christianisme a déclaré que notre sexualité n'était sainte que lorsqu'elle servait à la procréation.

À la femme qui ne pouvait plus faire de bébés, il ne restait dès lors plus de rôle «saint». D'ailleurs, à l'époque des bûchers de sorcières, les femmes âgées non mariées étaient généralement les premières à y passer. Si vous ne frayiez pas avec l'Église et ses enseignements, on estimait que vous le faisiez avec le diable. Et si cette idée est ridicule, les centaines de milliers de femmes qui périrent par les flammes ne prêtent, elles, pas à rire. Ce fut un véritable holocauste de femmes.

Nous, les femmes, avons *craint* d'exprimer notre férocité — au nom de nos enfants, de notre planète ou de toute autre cause, de peur d'être étiquettées de «sorcières». Et si les qualificatifs ont changé, nous ne souhaitons pas non plus être traitées de «garces», ni passer pour des «furies» ou des «hystériques». Par conséquent, nous restons trop souvent silencieuses à propos des questions les plus importantes.

QUAND J'ÉTAIS PETITE, JE ME RAPPELLE QUE J'ÉTAIS ATTIRÉE par les filles ayant quelques années de plus que moi. J'éprouvai ensuite la même attirance à 30 et à 40 ans, et encore aujourd'hui. J'ai toujours eu le sentiment que celles qui avaient quelques années d'avance sur moi, sur le grand chemin de la vie, avaient quelque chose d'important à me montrer.

Désormais, je découvre cette attitude depuis l'autre côté : j'ai de jeunes amies que je considère comme des sœurs spirituelles, et qui me rendent la pareille. C'est comme si elles développaient progressivement leur pouvoir et me faisaient l'honneur d'estimer le mien. C'est un rôle très important dans la vie que de faire tout son possible pour être un modèle pour celles qui viennent après nous. Cela ne veut pas dire que quelques années de plus nous aient rendues parfaites. Loin s'en faut. Mais cela signifie que nous prenons très au sérieux notre détermination à vivre de la manière la plus intègre possible.

Un rôle de mentor n'est pas seulement quelque chose d'agréable à jouer, ni même forcément un choix conscient.

C'est une relation que vous attirez à vous, dans l'ordre naturel des choses. Plus vous gagnez en maturité, plus celles qui viennent après vous — et à qui vos enseignements peuvent être le plus utiles — se présentent spontanément dans votre vie. Et enseigner ne se limite pas à ce que vous savez, mais aussi à ce dont vous êtes l'exemple.

Je n'ose pas imaginer où j'en serais aujourd'hui sans toutes les personnes qui ont croisé ma route pour me montrer ce qu'il me fallait voir, au moment précis où c'était nécessaire. Désormais, c'est à mon tour d'essayer de rassembler certains des morceaux du puzzle pour celles qui voient en moi une femme l'ayant déjà fait elle-même. La façon dont nous nous comportons, tout comme les tentatives que nous faisons, ou pas, pour répandre l'harmonie dans le monde environnant, sont des enseignements holographiques que nous faisons rayonner sur notre entourage à chaque instant. Une jeune amie, qui est pour moi comme une petite sœur, m'a déjà dit plus d'une fois : « Tu crois que je t'ignore, mais j'écoute la moindre de tes paroles. »

Lors de mes conférences, je rencontre parfois de jeunes gens dont les yeux s'embrasent soudain à l'une de mes paroles. (N'allez pas vous méprendre : j'en vois aussi qui lèvent les yeux au ciel !) Je connais ce frisson que l'on peut avoir, quand on est jeune, à l'écoute d'idées qu'on n'a encore jamais entendues, à la vue de quelqu'un qui incarne un modèle, dans une culture qui nous attire. J'ai vécu cela. Et maintenant je me retrouve de l'autre côté. Je rencontre cette jeune femme qui me dit qu'elle souhaite faire un jour la même chose que moi ; je souris et lui dis : « Allez-y ! » Je croise ce jeune homme qui s'incline respectueusement et me tend

une rose ; je la reçois tendrement, avec respect pour la générosité de son geste.

Les anciens seront à nouveau honorés quand nous nous
comporterons de façon plus honorable. Le milieu de la vie a
quelque chose de faux aussi longtemps qu'on n'a pas le sentiment de dispenser le meilleur de soi, avant de partir. Ou,
tout au moins, d'avoir essayé.

> *Cher Dieu, pourrais-je être digne de jouer un rôle*
> *honorable dans la vie de ceux qui sont plus jeunes*
> *que moi. Montre-moi comment faire bon usage de*
> *Tes dons et comment les transmettre. Amen*

J'AI ENTENDU QUELQUES RÉCITS MYTHIQUES — et d'autres un peu
moins — à propos de femmes d'un certain âge qui s'étaient
retirées au couvent, comme si leur existence terrestre était
achevée, et qui, dès cet instant, recouvraient d'un voile tout
ce qui relevait des affaires du monde. Mais j'ai fini par me
dire que l'expérience du couvent est de nature intérieure, et
qu'elle peut ensuite s'extérioriser, ou pas. Le couvent qui
compte, c'est cet espace dans le cœur où vous vivez pour
Dieu. Mais ce n'est pas tout. Vous ne vivez pas pour Dieu
dans le but de fuir le monde, mais mû par le désir d'y mener
la vie la plus vertueuse possible. Qu'il s'agisse de votre
famille ou de vos amis, de votre rôle de citoyen ou de chaque
personne ou chose que vous connaissez, vous vous êtes enfin
décidé à jouer correctement le grand jeu de la vie. La seule
façon d'y parvenir, comme vous l'avez finalement compris,
est de la voir telle qu'elle est. Et là où elle est. La vie n'est pas
quelque part, là-bas. La vie est en Dieu.

Je me suis fait la réflexion que je n'ai jamais vu la moindre statue d'une divinité grecque ou hindoue qui ne soit sur son trente et un. L'idée qu'une femme *spirituelle* choisisse de moins s'occuper de son apparence physique a été introduite dans notre système de croyances par une institution misogyne, ne l'oublions pas — celle-là même qui envoyait les femmes au bûcher. Alors, quand celle-ci suggère qu'une femme devrait s'habiller sobrement et simplement pour montrer sa piété, je fonce enfiler un caraco. Le maquillage et les bijoux sont plus anciens que cette institution ; il y a des milliers d'années, les femmes qui se mettaient du rouge sur les joues et portaient des rubis savaient exactement ce qu'elles faisaient. La reine Esther n'a pas sauvé son peuple en ayant l'air peu séduisante, cette nuit-là[*]. Toute tentative de désexualiser la femme est un effort visant à nous priver de pouvoir et nous culpabiliser de vouloir paraître belles n'est qu'une autre manière d'exercer la même oppression à notre encontre.

Notre société cultive deux attitudes contradictoires à l'égard d'une femme d'âge mûr qui veut rester belle. D'un côté, on lui reproche de «se laisser aller», et de l'autre, de s'accrocher à sa beauté passée. Tout ce discours concernant le «vieillissement naturel» est assez ridicule. Peut-on dire deux mots des pesticides, de la pollution, des substances cancérigènes, du trou dans la couche d'ozone, des soucis, de l'angoisse économique et des statistiques de divorce ? Tout le stress qui s'affiche sur votre visage n'est pas forcément *naturel*. Si une femme a envie de s'acheter la toute dernière crème anti-âge, de s'offrir du Botox ou de recourir à toute autre solution cosmétique, je pense qu'elle devrait le faire. Je ne considère pas que vieillir en adoptant le régime dernier

[*] Cf. Le livre d'Esther dans la Bible.

cri pour rester séduisante et branchée soit moins *élégant* que de se contenter d'apprécier ses rides.

Ce n'est pas «sérieux» de vouloir paraître belle? Qu'y a-t-il donc de si sérieux dans le fait de ne *pas* être belle? Gloria Vanderbilt, qui était si séduisante et sans âge, a dit que la beauté est un don de Dieu dont nous avons la responsabilité de prendre soin aussi longtemps que possible. Quoi qu'il en soit, je ne vois pas en quoi le fait que j'aie l'air défaite va aider une femme d'un pays pauvre à se relever. En revanche, je vois *effectivement* comment ma quête d'excellence, dans tous les domaines de ma vie, m'élève jusqu'à un degré de réalisation où j'ai bien plus de chances de pouvoir lui venir en aide.

Ne pas prendre soin de soi ne se traduit pas par un soin accru accordé à autrui. Une femme qui sait s'occuper d'elle-même — tant physiquement que spirituellement — participe activement à l'aventure sauvage et merveilleuse du féminin. Cette aventure est émotionnelle, intellectuelle, spirituelle et sexuelle.

En tant que mère, activiste, écrivaine, citoyenne et créatrice dans quelque domaine que ce soit, je me rends compte que le carburant du moteur de ma vie provient davantage de ma chambre à coucher, et de ce qui s'y déroule, que de tout autre endroit. Je pourrais m'acheter une centaine de bureaux que je continuerais d'écrire assise sur mon lit. La bibliothèque n'est pas ma salle des machines. Mon bureau non plus. Ma cuisine, pas davantage. Ma salle des machines se trouve là où j'explore mes espaces les plus passionnés. Et l'on trouve dans toutes les cultures et à toutes les époques des déesses qui sont d'accord sur ce point. Le monde ancien était doté de temples romantiques et érotiques. Pour ma part, je n'ai pas de temple en tant que tel, mais j'ai une chambre à coucher, alors je commence par là.

Parfois, quand je songe à toute la souffrance du monde — de la torture à l'esclavage, en passant par la guerre et les sévices infligés aux enfants — je reste sans voix devant la prise de conscience qu'il doit exister une force contraire d'une puissance phénoménale pour empêcher l'humanité de s'autodétruire complètement. Pensez seulement au fait qu'à chaque instant une personne vient au monde. Et qu'à chaque seconde quelqu'un décède. Le cycle de la vie continue, décrivant indéfiniment des cercles autour de la Terre. Et songez également à ceci : à chaque seconde à peu près (j'espère), quelqu'un connaît un orgasme extatique avec l'être qu'il aime. Je crois que cette boucle d'extase sans fin contribue probablement autant que toute autre force à éviter que le monde ne se désintègre.

Que ce soient des paroles chargées de haine, des gestes de violence, des actes atroces commis en pleine lumière du jour : rien de tout cela ne possède le pouvoir ultime face à de véritables actes d'amour, dont une grande part s'accomplit au plus noir de la nuit. Il est dans la mission archétypale de la femme de prendre soin du foyer, et ce moment de beauté dans l'obscurité *est* notre foyer. Nous devrions honorer notre fonction de gardiennes de la flamme érotique. La chambre à coucher est à la fois le lieu où nous concevons nos enfants et celui où nous ragaillardissons nos amants, deux actes qui contribuent à la survie de la race humaine.

C'est d'autant plus important à partir du moment où une femme prend de l'âge, car nous utilisons alors le pouvoir de la conscience pour compenser les diverses manières dont la nature nous fait désormais défaut. Une fois que nous avons laissé derrière nous les années de procréation, la nature se fiche pas mal que nous ayons encore, ou pas, des relations sexuelles ! Nous ne sommes plus guère *aidées* par elle comme nous l'étions jusque-là.

Mais notre magie sexuelle ne se limite pas à la conception de bébés ; elle relève de l'enchantement. Nous n'attirons pas les hommes dans la chambre à coucher dans le but de procréer, mais pour enflammer leur cœur. Nous les attirons dans un espace enchanté et enchanteur afin que l'alchimie romantique de l'amour nous aide à les faire accéder à leur grandeur et nous, à la nôtre. Ce n'est pas là une tâche qui s'interrompt avec l'âge ; d'une certaine manière, c'en est même une qu'on ne *comprend* qu'à partir d'un certain âge. Le milieu de la vie n'est certainement *pas* le moment de se désenchanter. C'est au contraire le moment de déployer toute la puissance de notre magie.

Des situations excitantes ne viennent pas moins qu'avant frapper à notre porte quand on prend de l'âge. C'est juste que, lorsqu'on est plus jeune, on est davantage susceptible d'ouvrir la porte et de les laisser entrer. Avec l'âge, une certaine *ambivalence* se manifeste par rapport à ces situations-là. On peut se dire qu'on a envie tout en n'étant pas sûr d'avoir l'énergie qu'elles demandent. Pourtant, la manière la plus sûre de voir notre énergie diminuer est de refuser la pilule énergétique la plus efficace, à savoir la participation à la vie elle-même.

Mon père a vécu jusqu'à l'âge de 85 ans et il a conservé une certaine excitation sa vie durant. Il avait toujours coutume de dire : « Il faut garder un certain esprit d'aventure ! »

Et Dieu sait qu'il le fit! On n'en voyait pas seulement la preuve dans les aventures qu'il connut en parcourant le monde, mais dans la façon qu'il avait de rouler en décapotable même quand il pleuvait, parce que «seules les poules mouillées referment le toit»; dans la manière dont il apprenait à ses enfants les exercices d'acteur de Stanislavski à la place des jeux de leur âge; dans la casquette de marin grec qu'il portait toujours, bien que nous vivions au Texas, juste au cas où la marine grecque viendrait à l'appeler pour lui dire qu'elle avait besoin de lui! Mon père était la version masculine de Mame Dennis, le personnage principal du film *Ma Tante*. Quoi qu'il fît, il le faisait à fond, de tout son être, passionnément, avec toute son énergie. Mon père n'était pas homme à chercher un surcroît d'énergie dans des vitamines. C'est dans la vie qu'il puisait sa vitalité, en y donnant autant de lui-même.

Dans l'Église orthodoxe russe, on trouve la notion de «porteur de la passion». Je crois que c'est cela que le milieu de la vie fait de nous: des porteurs de la passion de la vie, des gens ayant assez de vécu pour avoir connu la passion des douleurs et des triomphes de l'existence. Notre capacité à créer un espace pour l'élévation morale et la victoire d'autrui sera proportionnelle à notre aptitude à exprimer la joie de nous être relevés dans l'espace de notre propre résurrection.

C'est aux anciens que revient le rôle de diriger les célébrations tribales. Nous sommes les détenteurs du facteur d'enthousiasme. Lorsqu'une femme de 20 ans ma cadette m'annonce qu'elle est enceinte, je remplis une fonction ancestrale en lui faisant savoir que je considère que c'est là la chose la plus merveilleuse au monde. C'est un peu comme si je représentais l'opinion d'un corps plus vaste que ma seule personne. Un adolescent devient membre d'une équipe de sport ou participe à un concours d'écriture; une jeune femme accède au programme de formation des managers de l'entreprise où elle travaille depuis des années; un jeune homme crée sa propre entreprise ou conclut sa première affaire; dans chaque cas, l'enthousiasme d'une personne plus âgée peut représenter un souvenir que l'intéressé conservera à vie. Les gens ont besoin de savoir que le monde est de leur côté et, pour un jeune, le «monde» est souvent représenté par l'adulte de circonstance auquel il s'adresse à ce moment-là.

Une célébration n'a rien de passif; elle met l'énergie en mouvement. J'ai entendu des jeunes gens dénigrer un accomplissement dont je savais pourtant qu'il représentait en leur for intérieur la concrétisation d'un rêve, en disant : «Oh, ce n'était pas grand-chose!» Il suffisait cependant que je rétorque : «Mais *si, c'est* quelque chose d'important!» pour que toute leur attitude se modifie.

Je le fais à la fois pour eux et pour moi-même. Quand on a vécu assez longtemps, qu'on a pleuré assez de larmes, on sait quelle bénédiction c'est que d'avoir matière à sourire. Les gens qui se montrent passionnés envers la vie n'ont pas cette attitude positive simplement parce qu'ils sont mal informés. Au contraire, ils sont positifs parce qu'ils savent mieux que quiconque ce qu'est la vie. Ils savent qu'on peut avoir le cœur brisé à tout instant. Si cela n'arrive pas aujourd'hui, alors soyons-en reconnaissants.

Autrefois, j'avais une bouteille de bon champagne dans mon réfrigérateur. Elle y est restée des mois, dans l'attente d'avoir quelque chose à «célébrer». Finalement, quelqu'un me l'a volée. J'ai compris la leçon. J'avais attendu trop longtemps.

Cher Dieu, à Toi louanges et remerciements pour toutes les bénédictions de ma vie. Puissent-elles ne pas diminuer par manque d'appréciation de ma part. Apprends-moi à savoir recevoir celles qui m'échoient et à aider les autres à réclamer les leurs. Amen

JE ME TROUVAIS UN JOUR DANS LE TRAIN, en Angleterre, juste après avoir quitté ma fille qui suivait une formation dans un lycée d'Oxford. Avant mon départ, elle me montra ses coins préférés qu'elle avait découverts l'été d'avant, lors d'un précédent voyage : la crêperie où elle restait jusque tard dans la nuit avec ses copines à parler de capitalisme et de marxisme (« Oui, chérie, ta mère a aussi été jeune autrefois ; je suis allée à tellement d'endroits et j'ai vu tant de choses ! »), l'Église du Christ reconstruite en 1532 par Henry VIII (ma fille et moi avons une discussion non close à propos d'Anne Boleyn ; je soutiens que, sous quelque angle qu'on considère la chose, la décapitation est une forme d'abus matrimonial). Nos échanges en matière de philosophie et d'amour, ce matin-là, se mêlaient de recommandations du style ne pas oublier d'utiliser du fil dentaire.

Durant le trajet qui me ramenait à Londres, j'ai un peu pleuré. Mon petit bébé n'est plus un bébé. Elle n'est même plus une petite fille. Elle appartient désormais à ce groupe d'âge auquel Louisa May Alcott donne ce nom exquis de «petites femmes». Bientôt, les «Maman, est-ce que je peux…?» disparaîtront complètement pour être remplacés plus fréquemment, j'imagine, par des «M'man, envoie-moi de l'argent s'il te plaît.»

Cette phase de transition est aussi profonde pour moi que pour elle. J'ai été bonne dans certains aspects de mon rôle de mère, moyenne dans d'autres et sans doute nulle dans certains. Je n'ai jamais cuit le moindre brownie de ma vie. Je n'arrête pas d'acheter des livres de cuisine, mais je me contente de les lire et de dire : «Oh! *noooon…*» Il reste que nous avons tous nos talents, et je suis impatiente de lui transmettre ceux que je possède.

Les enfants ne sont pas seulement des charges; passé la puberté, ils devraient apprendre de nous les leçons les plus profondes de l'existence, être nos apprentis dans l'art de bien vivre sa vie. Je n'ai pas envie que ma fille ait l'impression de devoir me quitter pour apprendre quoi que ce soit de *vraiment* important. Je souhaite être pour elle autre chose que la *police vestimentaire*, pour l'amour de Dieu! Je veux être son mentor mystique.

Élever des enfants est une pratique spirituelle avancée. Les avoir près de vous quand vous représentez encore le monde entier à leurs yeux peut parfois se révéler très éprouvant, émotionnellement parlant, et les laisser partir une fois qu'ils sont prêts à vous quitter l'est tout autant. Quant à garder les lignes de communication ouvertes, c'est plus vite dit que fait. Cela n'a plus rien à voir avec l'époque où ils n'étaient que d'adorables petits bambins, dans leurs adorables petites tenues, se rendant à d'adorables petites sorties. Je vois des gens avec des bébés absolument mignons, joyeusement inconscients qu'un jour viendra où leurs enfants échapperont totalement à leur contrôle, et je songe en moi-même, *Oh! mes pauvres, attendez un peu!* Mais je ne dis rien. Je me contente de sourire. Qu'ils en profitent tant que ça dure. Ils perdront plus tôt qu'ils n'imaginent l'adoration inconditionnelle à laquelle ils se sont habitués.

Chaque parent connaît un jour cet instant où l'expression qu'il déchiffre dans les yeux de son enfant lui dit : « Ça y est, j'ai compris. Je vois qui tu es. » Il faut alors apprendre à respecter le déploiement de la vie de cet enfant dont le destin ultime est strictement le sien. Une force de vie ardente passe de nous à nos enfants, à un certain point, et ce n'est qu'en laissant cela se faire qu'un nouveau feu se met à brûler en nous. Mais on ne peut pas retenir cette flamme qui était nôtre quand elle ne l'est plus. Il nous faut lâcher prise et l'observer s'allumer en nos fils et nos filles, avec des sentiments ambivalents.

Toutefois, cela ne signifie pas qu'ils y gagnent quelque chose et que nous y perdions. Ce jour-là, tandis que mon train s'éloignait d'Oxford, je pleurais, mais je souriais à la fois. Ma fille était désormais libre, libre comme seuls les jeunes peuvent l'être. Mais j'étais libre moi aussi, comme seuls le sont ceux qui ont élevé leurs enfants jusqu'à un certain âge et les ont vu grandir. Elle *et* moi avions toutes deux de nouvelles ailes.

Il nous faut toutes deux passer à la prochaine phase de notre vie et entamer une nouvelle série d'années magiques. Tout le monde doit suivre la trajectoire de l'évolution de son âme. Cela dit, je ne sais pas ce que j'éprouverai quand je n'aurai plus à regarder la pendule à 15 h 15 en pensant, avec une certaine excitation : *Oh, elle ne va pas tarder à rentrer!* (les adolescents ont une façon tellement à eux de claquer la porte derrière eux, à leur retour du lycée, et de hurler «Je suis là!» avec l'assurance que c'est la plus importante nouvelle de la journée). En revanche, je sais que le futur nous offrira de nouvelles expériences quand nous n'habiterons plus la même ville, et qu'elles seront certainement différentes de celles d'aujourd'hui, mais tout aussi merveilleuses.

Ce n'est qu'en permettant aux autres de grandir qu'on grandit soi-même. Et parfois, bien sûr, cela signifie qu'ils s'éloignent de nous. Mais contrairement à ce qu'on pense, plus vous laissez les gens prendre les distances dont ils ont besoin, plus les liens qui vous unissent à eux se resserrent. Plus je laisse ma fille partir, plus elle s'ouvre à moi.

Je n'oublierai jamais l'époque où elle était si petite que je la calais avec quelques coussins sur mon lit pour pouvoir écrire assise à côté d'elle. J'y repense souvent maintenant, quand elle est allongée sur le même lit, après l'école, à parler de ses devoirs, de l'histoire et de la vie. C'était le bon vieux temps et, vous pouvez me croire, j'en avais conscience. À l'observer ainsi, un jour, je me mis à pleurer à idée qu'elle grandisse si vite ; ces échanges quotidiens mère-fille-affalées-qui-discutent-de-tout, chaque jour après l'école, ne dureraient guère plus longtemps. Mais cette tristesse momentanée fut interrompue par une vision aussi belle que ce que j'avais sous les yeux. Je nous vis toutes les deux à nouveau affalées ici, mais avec un autre bébé cette fois, une nouvelle maman étant venue rendre visite à la grand-mère. Le bébé est magnifique, la mère est splendide et la grand-maman pas mal non plus. C'est du moins ce que j'ai vu et ce que j'appelle dans mes prières.

Cher Dieu, prends soin de ma chère enfant, je T'en prie, maintenant que sa route l'éloigne de moi. Que les anges l'entourent et qu'elle trouve sa voie. Que mon amour pour elle soit une lumière qui l'encercle jusqu'à la fin de ses jours. Amen

Chapitre six

JE SURVIVRAI[*]

Il y a quelque temps, le chanteur-parolier Rupert Holmes a écrit une chanson à succès qui parlait de conjoints ayant tous deux passé une petite annonce pour essayer de dénicher quelqu'un qui leur offrirait plus d'aventure qu'ils n'en trouvaient dans leur couple. Ce qu'ils ignoraient, bien sûr — et qu'ils découvrirent en répondant à l'annonce l'un de l'autre! — c'était leur aspiration commune à une vie plus aventureuse que ce qu'ils avaient pris l'habitude de faire ensemble.

Voici plusieurs années, j'ai connu un homme dont la femme était décédée. Depuis, il passait ses journées effondré, à se lamenter : «Je ne l'ai jamais emmenée en voyage comme elle le désirait. Je ne lui disais pas assez souvent combien je l'aimais. Il y a tant de choses que j'aurais dû faire avec elle, que je n'ai pas faites…» J'ai trouvé tragique de le voir ouvrir les yeux à ce point, alors qu'il était trop tard.

Bien des gens, pour bien des raisons, résistent à cette grande aventure que l'amour peut être. C'est l'une de ces perches qui nous sont souvent tendues, mais que nous n'empoignons pas. C'est une chose quand nous ne prenons pas l'énergie d'investir ou que ce n'est pas la bonne personne.

---

[*] «I Will Survive» évoque le titre d'une célèbre chanson de Loria Aynor.

95

Mais c'en est une autre quand c'*est* la bonne personne et que, malgré qu'on en *ait* l'énergie, on ne consacre pas à cette relation le temps, l'espace ou l'attention nécessaires à cultiver ce qu'elle comporte déjà de bien, afin d'en faire quelque chose d'exceptionnel.

Quand on a atteint un certain âge, l'idée de perdre la moindre occasion — en particulier celle d'aimer — nous apparaît comme le blasphème qu'elle est véritablement. Si vous tournez le dos à la chance de pouvoir vraiment aimer, vous pourriez tout aussi bien cracher à la face de Dieu. Voilà pourquoi l'amour brûle d'un feu incandescent, à mi-parcours de vie ; vous avez perdu l'illusion que les étincelles que vous voyez voleter autour de vous seront là tous les jours.

L'un de mes amis m'a dit un jour : « Autrefois, j'avais peur de m'engager envers une femme pour le restant de mes jours... mais le "restant de mes jours" ne me semble plus si long, désormais ! »

La plupart d'entre nous ont des plaies qui les empêchent d'aimer sans crainte. Et, si elle se justifie rarement, la peur est souvent compréhensible. Parvenir à se libérer de la peur accumulée au fil des ans, afin de pouvoir connaître l'amour qui se présente à nous maintenant, est le défi amoureux de la cinquantaine.

> *Cher Dieu, je T'en prie, fais fondre les parois qui entourent mon cœur. Libère-moi de mes peurs et restaure ma joie pour que j'aime à nouveau. Amen*

PARMI NOS PEURS LES PLUS GRANDES, figure, assurément, la peur de l'abandon. De toute évidence, quand quelqu'un dont l'amour nous importe beaucoup ne nous aime plus, cela vient rouvrir une plaie très ancienne.

D'un point de vue métaphysique, au moment de nous séparer de l'être aimé, nous revivons notre séparation d'avec Dieu, ou du moins l'illusion que l'on puisse en *être* séparé. En réalité, une telle séparation serait si bouleversante pour l'Univers tout entier qu'il ne pourrait même plus exister. La vérité, c'est que notre unité avec Dieu — et les uns avec les autres — est un aspect fondamental et inaltérable de la réalité.

Faute de réaliser cela consciemment, nous reportons notre soif de contact conscient avec Dieu sur la quête d'un partenaire amoureux. Si le lien avec l'être aimé est si enivrant, c'est parce qu'il nous rappelle notre union avec Dieu ; et si la séparation est aussi dévastatrice, c'est parce qu'elle nous remémore ce que cela fait d'être coupé de Lui. Dès lors, on se retrouve dans une situation inextricable : *Comme je me sens séparé de Dieu, j'ai d'autant plus besoin de toi. Mais, par ailleurs, étant coupé de Lui, je ne suis pas dans un état de plénitude. De ce fait, je suis fragmenté… et donc plus susceptible de tout gâcher avec toi.*

C'est ainsi que l'amour peut être un enfer. Mais c'est aussi pour cela qu'il peut être divin. Ces deux options méritent d'être investiguées.

PARFOIS, C'EST LA PERSONNE MÊME QUI NOUS LIBÈRE de toutes nos souffrances qui, ensuite, nous en apporte davantage.

J'ai vécu à une époque la plus belle des histoires d'amour, du moins c'est ce que je croyais. Puis, un beau matin, elle se volatilisa. J'avais entendu parler de gens qui quittent soudain leur famille et n'y reviennent jamais. Mais je m'étais toujours dit que la situation devait être plus complexe que cela, que ce n'était certainement pas aussi simple. Personne ne se lève un beau jour et déclare «C'est fini», et ça s'arrête là. Du moins, c'est ce que je pensais jusqu'à ce que cela m'arrive.

Je fais partie des gens qui ont besoin au minimum de parler, de digérer, de comprendre, de pardonner et d'être pardonné. Mais devoir discuter autant, à la fin d'une relation, c'est excessif pour certaines personnes. Ou alors, elles craignent que ces échanges ne les exposent trop. Quelle qu'en soit la raison, elles jugent préférable de faire l'ablation de leur partenaire d'un coup de bistouri, de brûler les ponts derrière elles, de jeter une bombe dans un beau jardin qui aurait pu se muer en une amitié à vie.

Cet homme m'avait fait un cadeau. Avec lui, j'avais découvert un amour qui n'entrait pas en conflit avec la mission plus globale que j'estime avoir dans la vie. Pour une fois, il semblait n'y avoir aucune compétition, aucune fracture entre ma vie amoureuse et ma carrière. Je n'avais pas le sentiment d'en négliger une au profit de l'autre, ce qui était nouveau pour moi. J'avais plutôt l'impression que son amour était comme un radeau qui me soutenait et sur lequel je pouvais m'étendre en toute sérénité. Jusque-là, j'avais souvent eu l'impression que les diverses composantes de ma vie étaient pareilles aux assiettes qui s'entrechoquent à grand bruit dans une machine à laver trop remplie de vaisselle. Mais durant notre relation, il n'y eut aucun choc intérieur de ce genre. Des choses qui d'ordinaire me paraissaient difficiles semblaient soudainement relativement faciles à gérer simultanément. Face à certains problèmes parmi les plus stressants que j'aie connus, il avait des réparties du genre :

«Ouais! Bon, alors qu'est-ce qu'on mange ce soir?» et je fondais.

Mais tout cela prit fin de façon brutale et déplaisante. Du coup, il me fallait évidemment faire un choix. Comme le dit *Un cours en miracles*, je pouvais devenir l'otage de l'ego ou l'hôte de Dieu. Je savais qu'on ne libère pas les autres — de cette vraie libération qui affranchit autant l'autre que soi-même — sans leur offrir une bénédiction sincère. Dire simplement «Je te libère» ne suffirait pas. Il fallait que je parvienne à exprimer : «Je te libère et je prie pour que les anges t'accompagnent. Je te libère et j'espère que tes rêves se réaliseront. Je te libère et je souhaite que tu sois heureux.» J'éprouvais des résistances, car j'étais pleine d'amertume. Mais je priai.

Peu de temps après, je lisais *Un cours en miracles* quand je tombai sur une vérité que j'avais besoin d'entendre. Elle me remit en mémoire que nous sommes tous aussi sacrés les uns que les autres aux yeux de Dieu… que les griefs que je nourris à l'égard des autres tiennent davantage à mon besoin de leur attribuer tous les torts qu'à ce qu'ils ont fait… et que, indépendamment des erreurs qu'autrui a commises dans le passé, je peux choisir de voir l'amour dans le présent. La lecture de ces vérités eut pour effet miraculeux de provoquer une alchimie de mes émotions et de me libérer des douloureuses impuretés qui ne pourrissaient pas la vie de celui parti de ma vie mais, après tout, seulement la mienne!

L'ego se nourrit de toutes ces douleurs, comme un chien d'ordures, nous fournissant tout au long de la journée des preuves de la cruauté d'autrui, de ses méfaits, de ses injustices, et ainsi de suite. Il est si tentant de se fixer sur les problèmes des autres, en éliminant de l'équation tout ce qu'on pourrait apprendre de cette situation. Parmi les cadeaux les plus importants qu'une relation ait à nous offrir figure la conscience de soi. En dernière analyse, la raison même de l'amour est que nous puissions un jour *devenir* amour. Et tout ce qui nous arrive sert à nous montrer comment nous nous en sortons jusque-là.

Un matin, je me réveillai en pensant à lui. Je me surpris à prononcer une prière spontanée, non plus pour que Dieu m'aide à traverser cette expérience, mais pour qu'Il l'aide, lui. Intellectuellement parlant, je savais bien que le comportement de cet homme, à la fin de notre relation, n'était pas celui de quelqu'un de cruel, mais plutôt de blessé. L'intensité de mes propres souffrances m'avait empêchée de voir au-delà de la blessure qu'il m'avait infligée et d'éprouver de la compassion pour la sienne. Pourtant, c'était bien là la leçon qui m'attendait : parvenir à ressentir une plus grande compassion pour les blessures d'autrui afin de pouvoir être guérie des miennes. Et ce matin-là, j'y parvins enfin. Je pouvais imaginer quelle douleur avait dû être la sienne, à un niveau très profond, pour couper court avec une telle désinvolture à la relation que nous avions. Je repensai à ces mots d'Emerson : «Chaque fois que vous croisez quelqu'un, rappelez-vous qu'il livre une grande guerre.» Je voyais bien cela chez lui. J'ai prié pour lui, en souhaitant qu'il guérisse.

J'ai alors pu voir quel avait été sans doute l'accord qui s'était conclu entre nos âmes. Comme tant d'autres femmes, ma colère contre les hommes — où se mêlaient pères indisponibles et amants indisponibles — m'avait laissée au cœur une certaine dureté qui ne me rendait pas service. Le fait de pardonner à cet homme, de prier pour lui, de souhaiter sincèrement et de tout mon cœur qu'il soit heureux provoqua un changement en moi. Il incarnait tous les hommes dont je m'étais sentie rejetée. En lui offrant mon pardon, je leur pardonnais à tous. Dès lors, au tréfonds de moi-même, je me sentis libre.

Ma bénédiction était simplement d'avoir fait cette expérience, car nul ne peut posséder une expérience. Elle est là quand elle est là, et quand elle est finie, elle est finie. Finalement, on réalise que tout est à nous, et rien n'est à nous. Comme le dit Hélène à Démétrius dans *Le Songe d'une nuit d'été,* de Shakespeare : « Et j'ai trouvé Démétrius comme un joyau qui est à moi, et qui n'est pas à moi. »

Lorsque vous êtes jeune, vous vous accrochez de toutes vos forces à l'amour dans l'espoir qu'il dure à jamais. Mais quand vous êtes plus âgé, vous savez que vous n'avez pas besoin de vous y agripper ainsi, parce qu'il dure *effectivement* pour toujours. Les gens vont et viennent, et parfois nous quittent. Mais l'amour demeure, s'il demeure en vous.

Les gens disent souvent : « J'ai tellement souffert. Comment pourrai-je à nouveau faire confiance ? » Pourtant, avoir foi en l'amour ne signifie pas avoir foi en la personnalité d'autrui, mais en la nature inchangeable de l'amour même. La foi en l'amour n'est pas la foi en quelqu'un ; en fin de compte, c'est la foi en soi-même, c'est-à-dire dans nos facultés de discernement et notre aptitude à pardonner, mais aussi dans notre capacité à aimer ardemment, doublée de la saine compréhension que l'être que nous aimons sera peut-être parti demain.

L'amour véritable est toujours risqué, en ce sens. Mais l'Univers n'est pas seulement là pour nous donner ce que nous voulons. Il a pour objectif de nous apprendre à aimer. Or, si nous bénissons les autres tant qu'ils sont avec nous, mais que nous retenons notre bénédiction sitôt qu'ils nous quittent, c'est que nous n'avons pas encore reçu notre bénédiction, que nous ne nous sommes pas encore identifié à elle. Une bénédiction qui n'est pas constante n'en est pas une.

Ce vers quoi va notre confiance, c'est la volonté de Dieu. Si nous apparaissons mutuellement dans la vie les uns des autres, c'est sur assignation divine, l'esprit œuvrant à travers le subconscient pour nous pousser vers ceux auprès desquels les opportunités de croissance pour notre âme seront les plus grandes. Ce qui ne veut pas nécessairement dire que nos leçons seront faciles. D'ailleurs, quelqu'un peut tout à fait se présenter dans notre existence pour que nous apprenions le discernement : en d'autres termes, pour nous enseigner de qui ou quoi nous éloigner.

Parfois, c'est en passant par ce que vous ne voulez pas que vous finissez par découvrir ce que vous voulez *vraiment*. Parfois, c'est la personne qui vous ébranle le plus qui vous permet d'accéder à votre véritable amour. Les choses ne se sont pas passées comme vous l'espériez, mais c'était peut-être cela l'important. C'était une relation qui devait vous faire accoucher de vous-même et vous faire ainsi passer à un stade supérieur. L'amour véritable ne peut pas se manifester avant que vous ne vous connaissiez vous-même, ce qui est impossible aussi longtemps que certains appétits n'ont pas été chassés de vous.

Vous aviez peut-être de l'appétit pour des relations sans engagement parce que vous n'étiez pas prêt à vous engager. Mais désormais, pour avoir été quitté, vous êtes prêt à cesser de quitter autrui. Désormais, pour avoir été blessé, vous êtes prêt à ne plus blesser. Et maintenant, un amour véritable — quelqu'un qui ne fuit pas, ne blesse pas et n'est pas attiré par la souffrance — est en route pour vous rencontrer. Les mots du poète Soufi Roumi le disent bien : «D'un cœur brisé jaillit une source de passion ardente et sacrée qui jamais ne tarira.»

N'en perdez pas une miette. Parfumez votre âme. Préparez votre maison. Apprêtez votre cœur.

Peut-être qu'un amour de ce monde vous a laissé tomber afin que vous appreniez enfin à ne compter que sur Dieu.

> *Cher Dieu, je T'abandonne mes relations passées.*
> *Apprends-moi à pardonner, cher Dieu, afin que je*
> *ne me sente plus accablée. Je libère ceux qui m'ont*
> *blessée : puissent-ils désormais trouver leur joie.*
> *Pourrais-je être pardonnée pour les peines que j'ai*
> *infligées. Et puissions-nous tous trouver la paix*
> *véritable. Amen*

LE PROBLÈME, QUAND ON NE PREND *PAS* ENCORE appui sur Dieu, est qu'on a tendance à s'appuyer excessivement sur les autres. Faute d'embrasser un amour qui sera toujours là pour nous, nous nous rendons vulnérables à d'autres qui ne le seront pas.

Je me souviens d'une émission de télévision qui était très populaire quand j'étais petite, *Feather Knows Best* [*Papa a raison*]. Chaque fois que sa fille adolescente entrait dans la pièce, le père lui faisait un grand sourire et s'exclamait : «Tiens, bonjour Princesse!» En étant à ce point adorée à cet âge, une fille a dans le cerveau une empreinte émotionnelle qui l'inclinera plus tard à choisir des hommes qui la traiteront avec autant d'adoration. Elle considérera comme normal d'être l'objet d'une saine attention masculine, pour avoir grandi en sachant ce que c'est et comment y réagir.

En revanche, si cette attention masculine fait défaut, cette fille deviendra dans bien des cas une femme qui soit bottera en touche tout commentaire de ce genre parce qu'il lui est trop étranger, soit ira dans la direction inverse et y verra une proposition de mariage! Dans les deux cas, il n'y a qu'un vide là où devrait se trouver une saine perception de son identité féminine. Et — bon sang! — ce qu'une personne inauthentique peut être une proie pour une autre personne du même genre!

Une telle femme se montrerait particulièrement vulnérable aux charlatans émotionnels — à ces «charmeurs» qui disent exactement ce qu'il faut et connaissent une bonne dose de poésie par cœur, mais dont les élans d'adoration verbale sont rarement suivis d'actes responsables. Un tel homme, lui aussi, a presque toujours été un enfant blessé. Quand il était jeune, quelque chose l'a contraint d'apprendre à être en représentation pour survivre. Pour telle ou telle raison, il a conclu à un âge très tendre que la tromperie et non l'authenticité était un comportement normal. Le lien conscient à sa propre vérité intérieure a été supplanté par le besoin de découvrir les mots et les comportements susceptibles de lui permettre de survivre à un incident traumatisant. La vie lui a appris à agir avec fausseté : non pas à se présenter tel qu'il est vraiment, en contact avec ses véritables sentiments et sa vérité profonde, mais à arborer à la vitesse de l'éclair le comportement le plus apte à lui procurer un avantage émotionnel à court terme.

Celui qui a appris les subtilités de l'art de manipuler autrui dans son jeune âge tend à y exceller une fois devenu adulte. Un tel individu manque tout simplement d'intégrité, non pas parce que c'est quelqu'un de mauvais, mais parce que, enfant, il a été expulsé de son centre spirituel et n'a pas encore réussi à le réintégrer. Petit, cet homme était une victime ; devenu adulte, toutefois, il devra rendre compte de son comportement, d'une manière ou d'une autre. Comme me le disait un jour une amie, « L'Univers tient des livres de comptes impeccables. »

Combien de fois excuse-t-on le comportement inacceptable d'autrui avec des répliques du genre « À l'intérieur, ce n'est qu'un petit garçon blessé » ? À quoi l'une de mes amies a répliqué une fois : « Hitler aussi... » Que j'éprouve de la compassion pour vous n'implique pas que je m'interdise de vous effacer de mon répertoire.

Les gens traumatisés traumatisent les autres. Ils sont également attirés par ceux qui sont comme eux. Nous devrions donc tous nous montrer prudents.

Des êtres tels que l'homme et la femme que j'ai décrits ci-dessus seraient facilement attirés l'un par l'autre, car leurs névroses se correspondent parfaitement. Lui est un as de la représentation, et elle succombe facilement à un grand numéro. L'intention de leurs ego respectifs est de se titiller mutuellement leurs blessures, mais celle de Dieu est qu'ils se guérissent l'un l'autre. Celle des deux options qui se réalisera dépend entièrement d'eux. Toute personne prête à faire le travail qu'exige une relation, parce qu'elle y voit une opportunité de se guérir, en recevra les bénédictions, que son partenaire fasse, ou pas, le même choix. Un jour ou l'autre, nous y parviendrons tous ; les leçons que nous n'avons pas encore apprises ne cesseront de se représenter jusqu'à ce qu'elles le soient.

La guérison peut faire mal, qu'il s'agisse de guérir d'avoir à affronter la honte de notre propre humiliation, ou de la souffrance d'être contraint de tourner le dos à quelqu'un dont le comportement nous est nuisible, bien que nous l'aimions encore. Quoi qu'il en soit, la douleur de la guérison est de loin préférable à celle d'une exposition prolongée aux conséquences de comportements névrotiques.

Si elle cherche, la femme découvrira que si son père terrestre n'était pas toujours là pour elle, son Père céleste, Lui, l'est tout le temps ; qu'Il l'adore à chaque instant et qu'Il l'a créée complète, comme elle le restera à jamais. Quant à l'homme, s'il poursuit sa quête spirituelle, il apprendra que les attitudes fausses qu'il a adoptées si jeune, et qui sont désormais des forces sur lesquelles il semble n'avoir aucun contrôle, peuvent être soignées et qu'elles le seront s'il les reconnaît et prie pour qu'elles lui soient retirées.

Est-ce que cet homme et cette femme surmonteront leurs blessures anciennes ? Développera-t-elle une perception de son vrai *moi* suffisamment forte pour perdre toute attirance pour les faux romantiques et préférer désormais un amour authentique à tout ersatz ? Éprouvera-t-il enfin de tels remords pour le mal qu'il fait à autrui qu'il demandera à Dieu de l'aider à changer de comportement ? C'est à chacun de choisir. Celui qui fait le choix d'apprendre et d'évoluer mûrira et s'épanouira avec l'âge. Celui qui ne le fait pas se contentera de vieillir…

> *Cher Dieu, aide-moi à guérir les blessures de mon cœur afin que je puisse donner et recevoir l'amour véritable. Apprends-moi à laisser rentrer l'amour en moi, et à le garder. Amen*

DANS LES FORMIDABLES MÉMOIRES D'ELLEN BURSTYN, *Lessons in Becoming Myself,* elle raconte comment, à la suite d'une impressionnante série de maris et d'amants qui s'échelonna sur quelques décennies, elle marqua une pause de 25 ans avant de finir par trouver la relation amoureuse saine et équilibrée à laquelle elle avait toujours aspiré. Elle ne sortait même pas avec des hommes, durant cette longue coupure romantique, tellement elle était convaincue que toute liaison ne serait qu'une reproduction de plus des mêmes comportements douloureux qu'elle avait adoptés jusque-là dans ses relations.

J'appelle cela un «jeûne d'amour et de sexe». Peu de gens voient la chose comme cela quand ils en font l'expérience, bien entendu. Quand on est dedans, on a plutôt l'impression de traverser une «période sèche» ou d'être arrivé «au bout de tout ça». On peut croire que c'est parce qu'on a vieilli et qu'on n'attire plus aussi facilement des amoureux qu'avant. Mais la vérité, le plus souvent, c'est que nous avons souhaité cette pause, au niveau subconscient, même si notre mental conscient proteste que «nous aimerions rencontrer quelqu'un».

Pourquoi? Comme me le disait une amie dans la cinquantaine quand je lui ai demandé si elle voyait quelqu'un : «Non. Je ne supporte pas comment je deviens dès que j'entame une relation. Je préfère donc m'en abstenir.» Le jour où vous constatez que dans chacune de vos relations vous rencontrez le même démon — le *vôtre* — vous prenez conscience qu'aussi longtemps que vous ne vous en occuperez pas, vous ne trouverez jamais l'amour véritable. Car ce démon y fait obstacle. Celui-ci peut prendre diverses formes dans votre arsenal d'autosabotage : l'insécurité, le manque de limites, la jalousie, la malhonnêteté, la colère, le besoin de contrôler, le besoin excessif d'attention ou quelque autre forme de manque d'authenticité qui vous conduit chaque fois à attirer les mauvaises personnes et à tout faire rater avec les bonnes. Il est naïf de sous-estimer le pouvoir de ce démon.

Au terme d'une relation qui avait particulièrement mal tourné, une autre amie m'a dit : «Encore une comme cela, et ça me tuera.» Je comprenais bien ce qu'elle voulait dire, et la plupart des gens aussi. Un jour vient où vous avez le sentiment que les joies que procure une relation amoureuse ne compensent pas les douleurs qui accompagnent son échec, où le risque d'un désastre affectif surpasse le frisson de l'aventure. Et ce jour… vous l'avez deviné… se situe très fréquemment vers la cinquantaine.

Pourquoi? Premièrement, parce qu'il faut généralement tout ce temps avant d'avoir connu suffisamment de désastres pour être prêt à faire n'importe quoi afin d'en éviter d'autres. Deuxièmement, parce que vous avez atteint un stade où vous n'avez plus autant de mal à vous opposer à vos hormones. Votre corps n'est plus aussi contrarié de vous entendre dire que vous marquez une pause. Il apprécie même d'avoir l'occasion de prendre un peu de repos.

Le désir de connaître l'amour est toujours là, mais il se mue en quelque chose de moins personnel. Non pas au sens où vous n'appréciez plus une conversation intime, ni la sensation d'un corps chaud contre le vôtre; moins personnel, au sens où la vie vous a forcé à voir au-delà de l'illusion qu'un être humain, quel qu'il soit, puisse être capable d'effacer toutes vos souffrances. Vous réalisez que la mythologie romantique avec laquelle nous avons tous grandi est comme un fichier informatique infecté. Tant qu'il n'a pas été supprimé et remplacé par un autre, quoi que nous fassions, le résultat final sera corrompu.

Ce qui ne veut pas dire que vous n'avez plus soif d'amour ; cette soif-là ne s'étanche jamais. D'ailleurs, c'est précisément au moment où vous estimez que vous en avez assez que le fait même d'éprouver ce ras-le-bol provoque en vous une prise de conscience libératrice. Comme on le dit chez les Alcooliques Anonymes, chaque problème arrive avec sa propre solution. C'est souvent quand l'amour vous a fait le plus souffrir que vous finissez par voir comment et pourquoi vous vous êtes programmé à subir de telles souffrances.

Alors, vous entamez un jeûne. Du jour au lendemain, votre téléphone cesse de sonner. Comme Ellen Burstyn, vous vous retrouvez contraint de vous nettoyer le palais.

Burstyn a fini par comprendre que ses attitudes relationnelles négatives reflétaient des blessures d'enfance qu'elle ne cesserait de réactiver jusqu'à ce qu'elle en guérisse. Nous faisons tous de même. Tant que ce travail n'est pas entrepris d'une façon ou d'une autre, il n'y a pas moyen de quitter la roue des souffrances. Notre subconscient n'a pas tort de nous couper de l'amour et du sexe le temps que ce travail soit fait et qu'il soit assimilé en profondeur par notre être. Ce jeûne n'a pas vocation de nous isoler ; on l'entreprend pour survivre.

D'abord, il y a eu l'enfance et les blessures qui se sont produites à cette époque. Puis, les jeunes années d'adulte et tous les désastres dont elles ont été ponctuées à cause de ces blessures d'enfance. Puis, arrive le milieu de la vie, où il est temps d'enfin régler ce qui s'est passé à la fois dans l'enfance et dans les débuts de l'âge adulte. Parvenu à la cinquantaine, il est temps de guérir, pour que notre cœur puisse enfin être délivré du passé et que nous puissions atteindre la plénitude de ce que l'amour peut être désormais.

Si l'on voit tant de personnes d'âge moyen à des séminaires de développement personnel, ce n'est pas parce qu'elles en ont fini avec l'amour et que c'est la seule distraction qu'il leur reste. Elles ont souvent des souvenirs qui pourraient choquer les jeunes gens qui les entourent. Chaque fois que vous voyez quelqu'un de plus âgé, pensez à lui soustraire 40 ans; cela vous indiquera l'âge qu'il avait dans les années 60. Mais la nouvelle cinquantaine n'est pas seulement le moment de repenser à ses amours passées et aux démons qui les ont accompagnées; c'est aussi le temps de développer la capacité à renvoyer ces démons-là en enfer.

Parfois, on se demande si l'on n'a pas manqué le coche. Ellen Burstyn écrit qu'elle se rappelle s'être ainsi interrogée : *Maintenant que je suis enfin prête à bien aimer, n'est-il pas trop tard ?* En exprimant de tels sentiments, elle se fait l'écho des larmes de beaucoup de gens. Pourtant, ce n'est là que l'ultime tentative du démon de nous décourager, une souffrance courante qui se présente souvent à nous dans la minute qui précède le miracle.

Une fois que vous avez le cœur et la tête à nouveau en phase — que le *moi* brisé que vous êtes devenu dans l'enfance ne se traduit plus par des relations brisées — vous êtes enfin prêt à aimer à nouveau. La compassion, l'intégrité, l'authenticité, la générosité et la bienveillance deviennent des composantes clés de votre trousseau de compétences en amour. Vous commencez à distinguer les erreurs que vous avez commises dans le passé et vous vous pardonnez; vous comprenez les actes des autres et, si nécessaire, vous leur pardonnez aussi. L'humilité vous fait atteindre la pureté et la grâce.

Dans l'épilogue de son livre, Burstyn raconte comment elle a fini par rencontrer l'homme de ses rêves, et je suis arrivée au bout de la dernière page en me disant : *Maintenant, j'ai envie de découvrir la suite!* Je venais de lire des centaines de pages évoquant les horreurs de son passé; je voulais désormais savoir comment on se sent quand ça fonctionne bien.

De même que certains aliments ont besoin de mariner, il faut parfois plusieurs années à nos compétences en amour pour qu'elles développent tous leurs arômes. J'ai demandé à Burstyn comment c'était maintenant, ce que ça faisait de sentir qu'on aime bien et qu'on est bien aimé. Je lui ai posé la question : «Qu'y a-t-il de différent?»

— Pour commencer, me répondit-elle, il y a beaucoup plus de respect et moins de jugements. Les conversations ne tournent pas en disputes, ni les disputes en violence.

Elle marqua une pause.

— Et maintenant, je sais comment laisser un homme simplement vivre.

Dans notre jeunesse, l'amour était souvent là, mais nous ne savions pas qu'en faire. Et quelquefois, après avoir peut-être séjourné très longtemps dans le désert amoureux, on retrouve à nouveau l'amour, ou c'est lui qui nous trouve. Et cette fois, on *sait* quoi en faire. Ce désert — ce jeûne — n'était pas la fin de quelque chose. C'était notre salut en amour.

Cher Dieu, révèle-moi s'il Te plaît la gloire de la virilité, la beauté du masculin, et la grandeur des hommes. Amen

JE DÉTESTE TOUJOURS QU'ON ME DEMANDE de remplir un quelconque document officiel qui comporte les options «célibataire», «mariée» ou «divorcée». Je laisse toujours cette question sans réponse : c'est ma façon de dire : *Ce ne sont absolument pas de vos oignons.*

Je crois que je réagis ainsi parce que je trouve cela trop personnel. Je perçois comme un vol d'identité émotionnelle de donner à quelqu'un la permission de faire des suppositions à mon propos, sur la base de catégories aussi superficielles. («Calme-toi, Marianne. Ce n'est qu'un formulaire dentaire.»)

Ce qui ne signifie pas, évidemment, que le fait d'être marié ou célibataire n'a aucune importance. Je veux simplement dire que les enjeux les plus profonds, en matière d'amour, ne concernent pas la forme, mais le fond. Le problème que je vois le plus souvent faire obstacle à l'élan amoureux est l'absence d'identité bien affirmée : de nombreux hommes ne savent pas trop comment être un homme, et tout autant de femmes ne savent pas trop non plus ce que c'est que d'être une femme. Le détour qu'a fait notre génération par les déserts ambisexués fait partie de tout ce qui a retardé notre développement émotionnel durant des années. Quand une femme croit qu'elle peut en rajouter dans son «*moi* masculin» et qu'un homme la désirera malgré tout, ou qu'un homme pense qu'il peut exagérer son «*moi* féminin» et qu'une femme sera encore attirée par lui, des confusions de tous genres entraînent des souffrances de tous genres. Cette tendance illusoire a commencé à s'autocorriger, mais la blessure générationnelle qu'elle a laissée n'a pas encore pleinement guéri. Cela fait partie de ces nombreux domaines où nos parents avaient parfois raison, peut-être pour de mauvaises rationnalités, mais d'une manière qui nous échappait, ils avaient quand même raison.

Ma mère était une sacrée femme ! Si elle avait une opinion sur un sujet, vous le saviez ! Si quelque chose lui déplaisait, elle ne manquait pas de vous le dire. Et mon père ne semblait jamais penser qu'il avait le droit de l'empêcher de s'exprimer. Il ne donnait pas l'impression d'en avoir envie. *Toutefois…* il lui arrivait parfois de poser une limite, non pas à ce qu'elle exprimait, mais à la gêne que cela pouvait lui occasionner.

Mon père n'appelait jamais ma mère par son prénom, jamais. C'était toujours «chérie». Mais de temps en temps — peu fréquemment, en ces rares occasions où ce qu'elle soulevait suscitait en lui une tension qui ne lui convenait pas — mon père lui jetait un regard et disait simplement «Sophie Ann.» Et ma mère s'arrêtait. C'était tout. Elle se taisait. Il m'a fallu beaucoup d'années et bien des larmes pour comprendre quelle femme chanceuse ma mère avait été.

Pour qu'une femme se sente libre d'être forte, sauvage et d'une créativité exubérante, elle ne peut pas se permettre d'être avec un partenaire qui l'étouffe, la dévalorise ou la punit, de quelque façon que ce soit, parce qu'elle est ce qu'elle est. Cela dit, une femme a de la chance quand elle bénéficie de la présence de quelqu'un capable de lui dire, sans retenir son affection ni miner sa confiance en elle : «Es-tu bien sûr de vouloir pousser aussi loin ?»

Pour bon nombre d'entre nous, les femmes, la plus grande aspiration est d'avoir un lieu où nous détendre. Nous sommes comme l'eau d'une piscine. Bien sûr que nous apprécions le béton : tout ce que nous avons à faire, c'est d'être l'eau. C'est l'état d'être d'une femme, et non ce qu'elle fait, qui lui attire l'amour. Et il n'est pas d'état d'être plus puissant que d'accepter profondément ce qui *est*. Nous demandons trop souvent, à propos de telle ou telle situation : «Comment puis-je la changer?», alors qu'il nous faudrait plutôt dire : «Comment puis-je rester dans ces circonstances de la meilleure façon possible?»

Si vous êtes célibataire et que vous voulez rencontrer un partenaire, sachez que vous n'en attirerez un que lorsque vous aurez maîtrisé les leçons du célibat. Ne demandez pas comment «avoir» un homme. Demandez-vous plutôt comment être la femme la mieux possible dans sa peau, et quand vous y serez parvenue, vous apprécierez tellement cet état qu'il ne vous importera même plus que les hommes vous remarquent ou pas. Ce qui signifie, bien évidemment, qu'il n'y manqueront pas.

J'ai fait beaucoup de recherches afin de pouvoir vous en communiquer les résultats.

L'une des questions qui nous sabotent le plus insidieusement est : «Pourquoi est-ce que je n'arrive pas à trouver l'homme (ou la femme) qui me correspond?» Elle implique en effet que cette personne existe quelque part, peut-être en Mongolie ou ailleurs, et que si seulement vous saviez où elle est, il vous suffirait de prendre le prochain vol.

Mais comme, métaphysiquement parlant, rien ne se situe en dehors de nous — tout ce que nous vivons n'est que le reflet de ce qui se passe dans notre tête — il est inutile de s'envoler pour la Mongolie avant d'être déjà devenue la compagne de rêve de notre partenaire idéal. Et quand nous sommes bel et bien *prête*, nous n'avons besoin d'aller nulle part, parce que ce dernier va tout simplement surgir devant nous.

Chaque fois que des personnes se lèvent durant mes conférences — et cela arrive souvent — pour me dire que leur plus grande peine est de ne pas avoir encore trouvé de partenaire, je leur dis souvent : « Dites-moi la vérité, je sais que vous la connaissez : que faites-vous pour maintenir l'amour à distance ? »

Souvent la salle retient une exclamation, comme si je venais de dire quelque chose de provocateur. Et peut-être l'ai-je fait : je provoque la personne pour qu'elle se confronte à elle-même. Je lui suggère d'assumer la pleine responsabilité de ce qu'elle vit. Et plus souvent qu'on n'imagine, après une pause, j'ai droit à une réponse honnête et très éclairante :

— Je demande trop d'attention.

— J'attire des hommes, mais ensuite j'agis moi-même comme un homme, alors ils partent. Je ne suis pas très féminine.

— Je suis jaloux.

— Je me mets en colère.

— J'essaie de contrôler l'autre.

— Je suis tellement impatiente d'avoir des enfants que les hommes le sentent.

À quoi je réponds d'ordinaire quelque chose du genre : « Ah ! Dans ce cas, n'est-ce pas merveilleux que vous n'ayez pas encore trouvé votre grand amour ? Vous pouvez gérer ce problème maintenant, de façon à ne pas gâcher une autre bonne occasion ! »

En d'autres termes, non seulement le célibat de ces hommes et femmes s'explique parfaitement, mais c'est une bonne chose ! Ils doivent consacrer ce temps à se préparer. C'est le moment de faire tout le travail intérieur et extérieur nécessaire pour se présenter comme le cadeau qu'ils sont véritablement, et non comme un assortiment d'émotions fragmentaires, de névroses non soignées et de rêves brisés provenant d'un passé non pardonné.

Comme toujours, la chose la plus importante sur laquelle nous devons travailler, ce sont nos pensées. Chaque fois que nous croyons qu'il nous manque quelque chose, nous créons encore plus de manque. Pourquoi ? Parce que le manque est alors notre croyance de base. Si vous *croyez* manquer, vous *attirez* encore plus de manque. *Je manque d'amour dans la vie* n'est pas une pensée qui attire un partenaire. *Je suis très sexy* donne de meilleurs résultats.

Et s'il est une chose qu'il ne faut jamais croire, ce sont les statistiques. Il y a quelques années, l'un des principaux magazines américains affirmait qu'une femme d'un certain âge avait plus de chances d'être tuée par un terroriste que de trouver l'amour à mi-parcours de vie. Mais, devinez quoi ? Ce magazine a fini par se rétracter ! Nous avons *quand même* une chance ! *Oh, merci !* Ce petit renversement nous a appris quelque chose d'important : nous devons faire attention à ce que nous lisons. Méfiez-vous des poisons que vous laissez pénétrer dans votre conscience. Et ne vous attendez surtout pas à ce que les voix de ce monde sachent la moindre chose sur ce qui se passe dans votre univers.

L'une de mes amies m'a dit un jour : «Je déteste être célibataire, parce que chaque fois que j'arrive seule à une fête, j'ai l'impression que tout le monde se dit que je suis pitoyable et qu'on me plaint». Je lui ai répondu que cette pensée n'appartenait qu'à elle. «Si ça se trouve, ai-je ajouté, ils se disent que tu retrouves George Clooney après la fête.» La cinquantaine, de toute façon, c'est le moment d'arrêter de se préoccuper de l'opinion d'autrui. Que les autres pensent ce qu'ils veulent. Ce sont *vos* pensées qui créent votre expérience.

L'amour est attiré par qui est maître en amour. Il ne pose pas la question : «Quel âge avez-vous?» ni «Combien il vous a fallu de temps pour apprendre tout ça?» Il vous demande seulement si vous êtes prêt. Et si vous l'êtes, il arrive.

Il faut parfois des années pour arriver à la porte de l'amour en n'ayant peu ou pas de bagages. Vous avez peut-être connu de nombreuses batailles pour parvenir à effectuer tous ces changements en vous et passer du besoin d'attention à la confiance en vous, du besoin de contrôler à l'abandon complet, de l'anxiété à la confiance, de l'exigence à la gratitude, d'une susceptibilité excessive à l'indulgence, de la critique au soutien, des reproches au pardon… sans oublier de la flanelle à la dentelle. Mais une fois que vous y êtes, vous y êtes *vraiment*.

Un jour, quelqu'un m'a dit : «Tu es tout ce que j'ai toujours désiré.» J'ai détourné le visage et je me suis dit à moi-même : *Mon pauvre, si seulement tu savais !*

Une fois que vous avez aimé, il y a des chances que vous ayez rencontré les démons qui entourent cette expérience : la peur de quelqu'un d'autre, ses mensonges, ses trahisons. Mais après y avoir été exposé, vous avez deux choix. Vous pouvez poursuivre avec peur et timidité, et avec une énergie qui exprime : «J'ai peur des démons. J'arrive avec *beaucoup* de bagages.» Ou vous pouvez aller de l'avant avec cette fabuleuse énergie que seule fournit l'expérience de l'amour et de toutes ces vicissitudes, une énergie qui dit : «J'ai vu les démons, mais je les ai jugulés d'un regard.»

Aucun homme de valeur ne s'entiche de quelque femme remplie d'amertume croisée la nuit d'avant. Il sera peut-être excité, en revanche, par une femme dont les yeux et le sourire ont quelque chose d'entendu qui disent qu'elle sait ce que sont les hommes, mais qu'elle pense *quand même* que rien ne les remplace.

La cinquantaine venue, on voit les hommes autrement que quand on était jeune. Ils vous paraissaient si forts durant ces années où vous vous sentiez encore fragile. Mais maintenant que vous avez découvert votre propre puissance et que vous vous voyez donc plus clairement, vous percevez également les hommes sous un jour nouveau. Leur force, leur grandeur, leurs faiblesses, leurs besoins, leur âme, leur corps, tout cela a plus de sens désormais. Mais vous n'êtes plus attachée. Dans cet espace brillant d'une pure compréhension où vous vous trouvez, vous savez qu'un homme ne peut ni vous compléter ni vous nuire. C'est lorsque le besoin s'est éteint en vous que le désir se met à brûler de tous ses feux.

Entre autres choses, l'expérience vous apprend à faire de meilleurs choix. Si des expériences sans intérêt se présentent, vous savez les décliner. La sagesse que vous avez gagnée à la dure vous rend plus susceptible de dire non aux offres douteuses, et de répondre par un «oui» avisé, mais cordial, à celles qui sont valables. Aucun livre ni aucune école n'aurait pu vous enseigner cela.

Parfois, c'est la douleur de l'amour qui fait de vous quelqu'un ayant le courage de l'affronter. Vous finissez par remercier Dieu pour les leçons apprises, peu importe le biais par lequel elles vous sont arrivées et quels qu'aient été vos sentiments sur le moment. Vous n'êtes plus jeune, *et alors ?* Vous avez tellement plus de compétences aujourd'hui, et tellement moins de peurs. Désormais, vous êtes prêt pour l'amour. Provoquez-le.

Chapitre sept

À L'HEURE DE MINUIT

J e me rappelle le moment où le médecin m'a mise au courant. Je me trouvais dans la cuisine, n'ayant pas pris la peine de me préparer émotionnellement à cet appel. Cela faisait déjà quelques années que j'avais des règles très légères, et je me disais qu'il y avait de grandes chances que la ménopause soit déjà là, même si j'étais encore assez jeune.

Et c'était bien ça. Le médecin avait reçu mes résultats. Il me les communiqua sans mettre de gants : «C'est terminé.»

La pièce se mit à tourner autour de moi : je me sentais trop faible pour rester debout. Lentement, je m'assis et des larmes se mirent à couler. Après tant d'années où on fait tout son possible pour ne pas tomber enceinte, on découvre un jour qu'on ne pourra plus jamais l'être, même si on le voulait. À cet instant, on regrette chacun des foutus gestes de contraception qu'on a pu faire durant toute sa vie.

Je me souviens d'un poster assez populaire, il y a des années, sur lequel était dessinée une femme qui s'écriait : «Oh, mon Dieu! J'ai oublié d'avoir des enfants!» Un grand nombre d'entre nous ont mis si longtemps à grandir que ce n'est qu'à l'approche de la cinquantaine que nous avons pris conscience d'avoir envie d'avoir des enfants!

À un déjeuner, un jour, je me suis retrouvée assise à côté d'un homme d'à peu près mon âge qui prenait plaisir à partager avec moi des anecdotes relatives à ses filles adoptives adolescentes. Il me confia qu'il n'avait pas eu d'enfants à lui et qu'il s'estimait très chanceux de pouvoir être aujourd'hui beau-père.

Devant la joie et l'émerveillement qu'il manifestait pour tout ce que ses filles avaient apporté dans sa vie, je lui ai jeté un long regard et j'ai simplement dit : « Nous étions fichûment stupides. » Il m'a rendu mon regard, comprenant parfaitement ce que je voulais dire, et a opiné lentement du chef.

Tout est résumé dans ces mots : *Nous étions fichûment stupides.*

À quelqu'un qui me demandait un jour ce que ma fille réaliserait un jour de grand selon moi, j'ai répondu : « Premièrement, je pense qu'elle aura une famille nombreuse et heureuse. » Il a cru que je plaisantais. Pas du tout.

Le fait que vous vouliez ou pas des enfants n'a pas d'importance. Mais il prend de l'importance, d'un point de vue psychologique, le jour où vous savez que vous ne pourrez plus en avoir même si vous le désirez. Pour les hommes, les choses sont différentes, de toute évidence, puisqu'ils peuvent continuer d'en avoir indéfiniment. La nature *sait* bien le temps qu'il *leur* faut pour parvenir à maturité ! (Je plaisante.) Mais l'autre moitié de l'espèce humaine vit quelque chose de miraculeux chaque mois, jusqu'au jour où c'est fini. C'est tout bonnement terminé.

J'ai observé avec émerveillement le passage du témoin de la sensualité à ma fille de 17 ans. Bien sûr, je n'ai nulle intention d'imiter l'attirance qu'exerce une adolescente de cet âge, mais je tiens à conserver la mienne du mieux que je peux. Il y a une certaine qualité psychoérotique — que je perçois toujours quand je viens en France — au fait de savoir que n'importe quelle nuit pourrait être une nuit magique. Et l'on veut être prête si jamais c'était cette nuit-ci.

Il est naturel que durant certaines années la sexualité soit plus ou moins la préoccupation de tout le monde ; l'espèce ne pourrait pas se perpétuer si les jeunes n'y mettaient du leur. Mais c'est parfois au moment où l'appel du sexe se fait moins pressant que celui de l'amour gagne en pureté. Le besoin de connexion, en soi, est sans âge ; ce qui change, en revanche, c'est la façon dont on comprend ce que signifie la notion de connexion. Parfois, les gens en savent beaucoup sur les relations sexuelles, mais ne connaissent pas grand-chose en matière d'amour.

Au plan physique, les choses commencent à refroidir avec l'âge. Mais au plan spirituel, elles ont plutôt tendance à se réchauffer. Les femmes d'âge mûr ne sont pas recherchées pour leur corps, mais pour leurs *connaissances*. Un homme sait, fût-ce inconsciemment, que l'amour d'une femme est une initiation à sa virilité. Au plan physique, cette initiation peut parfois être aussi grossière qu'un tour sur le siège arrière d'une voiture. Mais au plan spirituel, elle est le résultat d'une connexion intérieure que le sexe n'est pas, par lui-même, en mesure de garantir. Pour cela, il faut à l'homme plus qu'une femme : une prêtresse.

Chaque femme possède une prêtresse intérieure, mais il faut souvent plusieurs décennies pour qu'elle émerge. Une prêtresse est sauvage, particulièrement au lit. Une fois qu'elle est bien là, c'est des hommes qu'elle cherche, pas des garçons.

À un certain stade, il n'est plus suffisant pour un homme de savoir manipuler le corps d'une femme. Il doit apprendre à manier son *être*, et c'est souvent une prêtresse qui le lui enseigne. L'un des plus beaux cadeaux qu'une femme d'âge mûr puisse offrir à un homme, c'est de lui apprendre que ce qui fait dire à ses jeunes partenaires : «Oui, donne-le-moi! Je ferai tout ce que tu veux!» ne tire d'une femme plus âgée qu'un «*Mouais*… et qu'est-ce que tu as d'autre à me proposer?». Pour cette dernière, il va lui falloir s'activer beaucoup plus dur. Et le jeu de mots est voulu.

Si votre objectif est de faire des bébés, de toute évidence c'est une femme jeune qu'il vous faut. Avec une telle femme, un homme peut concevoir un enfant. Mais avec une prêtresse, il est plus susceptible de mettre au monde l'homme qu'il aspire à devenir. Physiquement, c'est l'homme qui répand sa semence; spirituellement, c'est la femme qui dissémine la sienne. Finalement, nous nous imprégnons mutuellement l'un l'autre, puis nous renaissons tous les deux. Quand un homme a passé un moment magique avec une femme suffisamment mûre pour avoir accédé à ses années de prêtrise, c'est lui qui a le plus de chances de la rappeler plus tard et de lui dire : «Chérie, je crois que je suis enceinte!» La nouvelle fournée de mamans toutes chaudes possède des pouvoirs miraculeux, et elle évoque une nouvelle race d'hommes.

Un jour, ma fille est revenue à la maison et m'a dit qu'il fallait absolument que j'écoute une nouvelle chanson super. C'était une reprise de «Lay, Lady, Lay*», de Bob Dylan. Je lui ai alors expliqué que, dans mon temps, on écoutait la *vraie* ver-

---

* Lay «allongez vous» en anglais To lay with «coucher avec».

sion de cette chanson. Et dans mon cas, comme dans celui de milliers d'autres filles, je suppose, on faisait bien plus que simplement l'écouter. Au cours de ces quelques dernières années, je me suis souvent demandé : *Qu'est-ce que ma mère s'imaginait qu'on pouvait bien faire, ces après-midis-là ?*

J'ai lu quelque part que, quel que soit notre âge, la musique qui nous parle le plus est celle de notre adolescence. Dans mon cas, c'est absolument vrai. Et les chansons dont je me souviens le plus sont celles desquelles je suis tombée amoureuse. De Joan Armatrading à Jefferson Airplane, en passant par Van Morrison, les paroles de certains de ces morceaux m'évoquent de belles choses qui figurent au nombre des moments les plus délicieux de ma vie.

Et pourquoi furent-ils si délicieux ? Parce que, comme la naissance de ma fille, ils m'ont fait connaître un état où n'existait aucune séparation entre moi et une autre personne. Et cet état était bien réel. Les histoires d'amour de notre jeunesse n'étaient pas irréelles : c'est plutôt la structure de personnalité que nous avons développée par la suite qui n'était pas apte à contenir une telle dose de réalité. Une part de ce que notre société juge « mûr » est en réalité spirituelle-ment régressif.

J'ai officié à des dizaines de mariages, peut-être même davantage. Je crois en cette institution. Mais bien trop sou-vent, il est cruellement évident que l'ego a fait la plus triste prison de ce vortex qui peut être le plus grand libérateur du corps, mais aussi de l'âme. Les mots « mari » et « femme » ne devraient pas être synonymes de « camarade de chambre ». L'amour ne devrait pas devenir banal. Sitôt qu'il le devient, il perd sa magie. Si le plaisir de pouvoir partager un café, trier les factures avec quelqu'un, parler des enfants et oser révéler ses peurs à la personne qui est devenue votre meilleur(e) ami(e) contribuent aux charmes de la vie à deux, il est émotionnellement périlleux de laisser les considérations de ce monde faire tomber un voile sur le visage de l'amour.

Un jour, en avion, je me suis retrouvée assise à côté d'un homme qui me racontait que lui et sa femme étaient tout excités à l'idée de débuter un nouveau projet professionnel. Pour la première fois depuis qu'ils étaient mariés, ils allaient travailler ensemble. Ils avaient remis à neuf, derrière leur maison, une vieille remise à calèches dont ils avaient fait un bureau. Ils voyaient là les préparatifs d'une nouvelle grande phase de leurs carrières, comme de leurs relations matrimoniales.

Tandis qu'il me faisait part de ses plans, il a dû me voir avaler de travers mon vin rouge.

— Quoi? me demanda-t-il.

— Rien, répondis-je, consciente que je ne le connaissais même pas et que je n'avais pas à lui donner des conseils non sollicités. Mais il insista. Il me reposa la question. Et si vous faites cela avec moi, attendez-vous à recevoir une réponse.

— Eh bien! lui dis-je, j'ai découvert que, lorsqu'une femme travaille, elle est en mode masculin. Mais ce mode, qui sied bien au travail, doit céder la place au mode féminin si elle veut aussi bien réussir en amour qu'en affaires.

Là encore, c'est un domaine dans lequel j'ai fait des recherches.

— Poursuivez... me dit-il.

— Alors, aujourd'hui, vous et votre femme, vous vous dites sans doute que vous pourrez parcourir le petit chemin qui va de votre bureau à votre cuisine, en poursuivant la discussion que vous aviez au travail durant la préparation du repas.

— Et c'est mal ? s'enquit-il.

— Non, ce n'est pas mal, dis-je, sauf peut-être pour votre couple. Vous aurez adopté le gestaltisme d'un partenariat professionnel et vous la laisserez désormais gouverner votre foyer. Et au fil du temps, ça s'étendra aussi à votre chambre à coucher.

— Wow ! fit-il.

Les hommes se montrent vite très intéressés quand on aborde le sujet du sexe.

— Alors, il vaut mieux que je ne travaille pas avec ma femme ?

— Je n'ai pas dit cela ! répondis-je. Mais je sais ceci : si cette ligne de pensée vous parle, et si vous et votre femme voulez éviter qu'une mentalité professionnelle vienne empiéter sur la qualité de votre vie de couple, je vous suggère de prendre 30 minutes, chacun de votre côté, entre vos heures de bureau et votre soirée. Il faut à votre femme au moins ce temps-là pour changer de mode psychique. De la méditation, une marche, de la musique douce, des bougies, un bain : qu'elle fasse ce qui convient à son âme pour apaiser son système nerveux. Vous devriez réserver un créneau horaire rituel à cette pratique dans votre mode de vie, sans quoi vous découvrirez un jour qu'une femme d'affaires s'est glissée dans votre lit, là où se trouvait jusqu'ici une déesse érotique.

Quelques semaines plus tard, je reçus un petit mot de remerciement de cet homme. Et un peu plus tard, un autre de sa femme*…

---

* Je lui ai parlé d'un livre intitulé *Advice to a Young Wife from an Old Mistress* et je lui ai également dit que j'avais beaucoup appris de Pat Allen, une psychologue du sud de la Californie.

L'amour romantique est une force de la nature. Tout comme les anciennes divinités, il aime recevoir des cadeaux. Il doit être honoré, respecté, protégé et chéri. Sans quoi, il s'en va, tout simplement.

> *Cher Dieu, fais de moi, je T'en prie, un maître en amour. Révèle-moi ses mystères et donne-moi sa magie. Pourrais-je ne jamais utiliser son pouvoir pour d'autres buts que ceux que Tu as prévus. Amen*

L'UNE DE MES AMIES M'A ANNONCÉ QUE SA FILLE allait se marier, à l'âge de 40 ans.

— C'est formidable! ai-je dit. Est-elle follement amoureuse?

— Eh bien! Je ne sais si ça se passe franchement *comme ça*, à 40 ans, m'a-t-elle répondu.

Je me suis alors fait la réflexion : *Et pourquoi pas?* La passion véritable ne vient pas du corps, mais de la conscience. Pourquoi faudrait-il que ce soit l'âge du corps qui détermine la passion de l'âme? L'amour lui-même ne diminue pas avec les années; ce qui diminue trop souvent, en revanche, c'est notre prédisposition à nous lever pour aller à sa rencontre. Quand on est jeune, on aime très intensément et sans crainte, jusqu'à ce qu'on découvre ce qui peut nous faire peur. Alors, on se met à empiler couche après couche de blessures non guéries sur nos relations, en nombre toujours plus important, jusqu'au point où l'amertume et la peur ont complètement étouffé notre aptitude à éprouver une allégresse sans bornes.

L'âge de nos cellules n'a absolument rien à voir avec notre capacité à attirer l'amour et à le conserver. La cinquantaine n'est certainement pas le moment de se dire : *Bon, eh bien ! Je vais simplement me contenter de quelque chose de confortable, désormais*, et de conclure de façon un peu simpliste que nos années les plus chaudes sont derrière nous. La chaleur n'est pas liée à l'âge. Elle peut passer de chakra en chakra, mais elle restera toujours ce qu'elle est.

L'amour ne perd pas en intensité quand on vieillit, il ne devient pas non plus ennuyeux, sauf si vous le devenez. L'âge vous rend au contraire plus apte à apprécier chez les autres des choses que vous étiez incapable de discerner jusque-là, parce que vous étiez trop occupé à ne regarder que vous-même. Tant que vous n'habiterez pas la totalité de votre être, vous continuerez de chercher quelqu'un pour vous compléter. Et cela ne fonctionnera jamais, évidemment. L'amour n'est pas là pour compléter votre univers, mais pour le dilater. C'est pourtant là un concept difficile à apprécier, tant qu'on n'est pas sensible à la notion «d'univers en expansion». John Mayer a une chanson intitulée «Your Body is a Wonderland» [«Ton corps est un pays de merveilles»]. C'est vraiment génial quand on peut ajouter «et ta tête, ton cœur et ton âme aussi».

Vous ne pouvez pas véritablement voir le pays des merveilles d'autrui avant d'avoir exploré celui qui existe en vous. La chose se produit d'elle-même une fois que vous êtes parvenu à un certain âge, que vous le vouliez ou pas. Et elle vous transforme. Les expériences que vous avez accumulées finissent par vous briser le cœur et l'ouvrir. Je me rappelle une nuit où j'étais étendue sur mon lit, juste après une nouvelle fusillade dans une école, et où la peine que j'éprouvais pour les familles des victimes semblait me submerger. Je me suis tournée vers mon amour et, l'espace d'un instant, il m'a été fait le cadeau de comprendre cette profonde juxtaposition de douleur et de plaisir qui forme le cœur de l'expérience humaine. J'aimais de manière différente, avant d'avoir compris la souffrance. L'âge nous use, mais ce faisant, il nous adoucit également. Je sus en cet instant qu'on n'a jamais aucune garantie ; il n'existe aucun rempart imprenable contre les souffrances humaines. Aucune relation, aucune circonstance, ne peut me mettre à l'abri d'une grande peine, peu importe les vallées que mon destin me réserve. Mais, lorsqu'on est ouvert à cette expérience, l'instant présent — s'il est dûment apprécié — recèle une profonde beauté. Quand on cesse de prendre les bonnes choses de la vie comme un dû, on développe une humilité et une gratitude qui font plus que compenser ce que l'on a perdu de son innocence. Oui, l'innocence nous quitte, mais l'amour demeure. Il n'y a rien d'autre à faire que d'en recevoir la vérité. J'ai ouvert les bras et je l'ai accueilli en moi.

EN DEHORS DES CONVENANCES ORDINAIRES, je ne crois pas que l'âge de l'être que vous aimez ait plus d'importance que celui de votre médecin, de votre professeur ou de votre agent d'assurances. Seule compte l'évolution de l'âme qui réunit deux cœurs. Toute relation décrit un arc naturel, avec un moment parfait pour chaque leçon que nous avons à apprendre. Certains de ces instants sont longs, d'autres, courts. Mais l'amour ne s'inclinera jamais devant le temps, car l'amour est réel et le temps, non. Un moment d'amour véritable est plus important pour certains d'entre nous que des dizaines d'années de temps passé sous le même toit.

L'amour est une aventure de l'âme, qu'il s'agisse d'une liaison aussi brève qu'intense ou d'un mariage qui nous unit jusqu'à ce que la mort nous sépare. Comme le dit Ram Dass, nous sommes réunis « pour une raison, une saison ou une vie entière ». Ce n'est pas la durée de la connexion entre deux êtres, mais plutôt la profondeur de la connaissance, du pardon et de l'évolution qu'elle favorise qui en détermine le sens. J'aime les paroles de cette chanson de Joni Mitchell qui affirment que l'amour, ce sont des âmes qui touchent d'autres âmes. Certaines personnes ont peut-être dormi ensemble durant 30 ans, mais leurs âmes ne se sont jamais touchées. Selon certaines estimations, leur mariage est une réussite… mais il y a plusieurs façons d'évaluer l'amour.

J'ai connu autrefois un homme qui était plus jeune que moi, chronologiquement parlant, mais bien plus ancré dans la réalité de son être que je ne l'étais dans la mienne. Je ne cessais de me répéter ce mantra bidon selon lequel il était trop jeune pour moi, jusqu'au jour où j'ai réalisé que la moue interrogatrice que je lisais sur son visage n'exprimait pas de la déception, mais de l'irrespect. De ma part, il en espérait davantage. Il s'attendait à ce que je sois plus honnête.

Quelle façade confortable c'était pour mes peurs que de lui répéter sans cesse qu'il n'avait pas encore eu d'enfants, et que, comme ce n'était pas moi qui lui en donnerais, je n'étais d'évidence pas la femme qui lui convenait. « Pour une vie entière, sans doute pas, me fit-il. Mais je ne t'ai pas demandé toute une vie. Je t'ai juste demandé un samedi soir. »

Mais comment pourrais-je passer un agréable samedi soir, pensai-je, *si je sais déjà que cette aventure a une limite ?* J'ai vu un épisode de *Sex and the City* où l'on appelle cela une « liaison à date d'expiration » : vous savez à l'avance qu'il y a une date au-delà de laquelle vous ne pouvez pas poursuivre. Il m'a fallu un certain temps pour réaliser que cela ne m'avait jamais empêchée d'apprécier les yaourts, et qu'il n'y avait donc aucune raison que cela me retienne d'apprécier les hommes.

L'idée de débuter une aventure amoureuse tout en sachant qu'elle avait une date limite me paraissait terrifiante, au début, avant que je ne réalise : *Mais n'est-ce pas justement cela, la mort ?* M'est-il déjà arrivé de dire : « Désolée, je ne peux pas t'aimer, car d'ici 40 ou 50 ans tu ne seras plus là » ? Non. Nous sommes sous le coup de la double illusion que la vie est longue et que l'amour est de courte durée. En réalité, la vie est courte, mais l'amour dure à jamais.

J'ai donc donné sa chance à ce jeune homme — comme si j'avais tellement de choses à lui enseigner, voyez-vous ! Et l'ironie, qui n'en était pas une, mais plutôt une évidence, c'est que lui, qui avait tant de peurs de moins que moi, aborda cette expérience avec bien plus de sagesse et de force. Quelques connaissances que j'avais accumulées jusque-là, il les surpassait par son esprit plus ouvert ; il avait moins de limites, moins de règles, et affectait moins de savoir des choses qu'on ne peut en réalité savoir. Ce n'est pas moi qui fus le gourou en amour cette fois-là, mais lui. Je croyais que ce serait une chance pour lui de bénéficier de l'amour d'une femme qui en savait plus que lui, mais je crois que c'est plutôt moi qui ai eu la chance d'être aimée de quelqu'un qui était moins dans le *savoir*. Les êtres s'assortissent à la perfection, en fonction des cadeaux qu'ils s'apportent mutuellement ; parfois, ceux qui nous apprennent quand il convient de *ne pas* raisonner se révèlent aussi importants que ceux qui nous indiquent *comment* raisonner. La connaissance comporte de nombreuses dimensions différentes. *Un cours en miracles* affirme que c'est l'amour qui rétablit la raison, et non l'inverse.

Parfois, une liaison avec un individu plus jeune a le mérite de nous rappeler que nous ne sommes pas encore mort. Celui-ci nous fait don d'une énergie pareille à une éclaircie après que trop de brouillard et de pluie ont fini par nous faire croire que la lumière ne reviendrait plus. Il nous apporte le soleil parce qu'il *est* encore le soleil. N'ayant pas encore connu son propre automne, il ne réveille pas la peine qu'évoque en nous ce que nous avons vécu durant le nôtre.

Une relation ne dure pas forcément toute une vie, ce qui ne signifie pas qu'elle n'est pas sacrée pour autant. La sainteté d'un lien se mesure au respect et à l'honneur dont on y fait preuve. Nous sommes attiré par ceux dont nous pouvons apprendre quelque chose, et l'intimité est justement un apprentissage très profond. Des années de vie commune peuvent nous apporter un tel apprentissage, tout comme trois journées à Paris où l'on ne fait que manger, dormir, faire l'amour, prier et parler de tout ce qui nous est déjà arrivé. La seule chose qui puisse gâcher une telle expérience, c'est de ne pas savoir laisser ce qui s'est vécu à Paris être simplement cela. Il faut un niveau élevé d'évolution spirituelle et émotionnelle pour parvenir à développer une relation profonde avec quelqu'un tout en sachant qu'il est préférable qu'elle reste limitée dans le temps. En disant cela, je ne cherche pas à justifier une certaine désinvolture en matière de sexualité; dans le cas présent, ces relations sexuelles n'auraient rien de désinvolte. On n'est pas dans le cas de figure «ce qui se passe à Las Vegas reste à Las Vegas», mais plutôt «ce qui se passe à Paris reste dans nos cœurs comme une bénédiction éternelle».

Et, à propos, si ça s'est passé à Las Vegas, ça fonctionne aussi.

IL Y A DE NOMBREUSES DEMEURES DANS LA MAISON DE L'AMOUR. C'est avec celui qui connaît les paroles des mêmes chansons que nous que l'échange se révèle le plus distinctement merveilleux. J'imagine quelqu'un ayant marché à mes côtés quand le chemin était lisse et lorsqu'il était rocailleux, quand c'était bien de me connaître et lorsqu'il était de bon ton de me dénigrer, quand je riais comme une idiote et quand je pleurais comme une enfant. Quelqu'un qui m'a *vraiment* vue. Voilà, selon moi, la valeur d'une relation qui traverse les années sans se dissoudre. Un être est le témoin de votre vie. Vous n'avez pas le sentiment d'évoluer dans le vide; quelqu'un d'autre connaît votre histoire. Il était aussi enthousiaste que vous quand il vous est arrivé quelque chose de merveilleux et ne vous a jamais dit : «Je te l'avais bien dit» quand vous avez fait quelque chose de stupide que vous avez regretté par après. Il a foi en la version longue de votre existence. Il vous a vu tirer des leçons de vos défaites comme de vos victoires.

La clé des relations à long terme, c'est de laisser l'autre être aujourd'hui différent de ce qu'il était hier. Je pense que l'une des causes principales de divorce est que de nombreux couples ne créent pas entre eux l'espace émotionnel qui leur permettrait de pouvoir changer continuellement. Lorsque les gens disent : «Une distance s'est créée entre nous», c'est souvent le signe qu'au moment de se marier leur contrat émotionnel ne comportait pas la clause : «Je te laisserai évoluer. Tu me laisseras évoluer. Nous apprendrons l'un de l'autre, et nous grandirons ensemble.»

À la cinquantaine, nous avons tous besoin de nous défaire de notre vieille peau et d'en développer une neuve. L'âme aspire à pouvoir se dilater. La tragédie de nombreux couples, c'est de ne pas en savoir assez pour honorer ce besoin, et de ne pas avoir conscience qu'il porte en lui la possibilité de reverdir sa relation.

J'ai connu un homme ayant quitté sa femme parce qu'il avait l'impression de ne pas pouvoir devenir *lui-même* dans son couple. Il avait le sentiment de ne pas être en mesure de trouver sa dimension d'homme dans le cadre de leur relation, comme si sa femme le privait de son oxygène. Il pensait qu'en la quittant il vivrait une espèce d'initiation masculine. Alors, et alors seulement, il pourrait devenir l'homme qu'il voulait être.

Mais, en les observant, j'ai eu le sentiment que l'initiation la plus véridique à son statut d'homme qu'il aurait pu vivre aurait consisté, dans le cadre de cette vie de couple, à se réapproprier suffisamment son pouvoir pour demander à sa femme de tenir ses distances. Un homme véritable pose des limites. Un homme véritable exige son propre espace psychique. Un homme véritable ne laisse pas une femme le dominer ni le contrôler. En revanche, un homme véritable revendique toutes ces choses pour lui-même ; il ne se contente pas de filer en douce et de considérer sa désertion comme une affirmation de son pouvoir masculin.

Parfois, une relation de couple arrive simplement à son terme : les meilleures occasions d'apprentissage ont déjà eu lieu, et il est temps de lâcher prise. Mais il arrive que certains quittent leur conjoint pour la seule et unique raison qu'il ne leur apporte pas ce qu'ils sont incapables de s'octroyer à eux-mêmes. Le fait qu'une relation vous montre que vous n'êtes pas encore assez fort n'est pas une *mauvaise* chose en soi. Cela fait partie de la valeur même d'un couple que de vous mettre face à vous-même. Passer à une autre situation où vous vous retrouverez prisonnier du même mode de fonctionnement, tout en pouvant facilement prétendre que ce n'est pas le cas, n'a jamais apporté ni force ni clarté à quiconque, d'après ma propre expérience.

J'ai beaucoup progressé dans la vie en sachant aller de l'avant, quand le fait de bouger correspondait à un appel de mon âme. J'ai progressé tout autant en restant en conflit avec moi-même, tout en demeurant au même endroit, quand mon âme m'indiquait clairement que c'était là que je devais être pour l'instant… que le vrai problème n'était pas chez l'autre, mais chez tu-sais-qui. Et c'est assez incroyable, quand on a réussi à effectuer le changement voulu, de voir parfois que la personne qui est devant soi est restée la même qu'avant.

J'ai par exemple eu une relation avec un homme qui me disait souvent «C'est si difficile de te faire plaisir!» De récurrent, ce problème avait fini par devenir majeur, car je trouvais toujours le moyen de créer des difficultés là où il n'y avait pas de raison d'en avoir. J'ai fini par comprendre le message et je me suis efforcée de gérer en moi ce qui me poussait à me saboter de la sorte, pourquoi je créais toujours des drames, et ainsi de suite. J'ai demandé l'aide de Dieu, j'ai essayé de m'en sortir et j'ai modifié mon comportement du mieux que j'ai pu. Un jour, de nombreux mois plus tard, j'ai demandé à mon ami de me resservir de la crème dans mon café, à quoi il a répondu en riant : «C'est si difficile de te faire plaisir!» J'avais réussi. J'avais changé. Mais lui était resté au même point.

Cher Dieu, je m'en remets à Toi pour mes relations. Purifie mes pensées dans ce domaine, je T'en prie, pour que ne demeure que l'amour. En ceci, et en toutes choses, cher Dieu, que Ta volonté seule soit faite. Amen

Chapitre huit

ABRAHAM, MARTIN ET JOHN[*]

À la suite des attaques du 11 septembre 2001 contre le World Trade Center, tous ceux qui avaient besoin de grandir et ne l'avaient pas encore fait l'ont soudainement fait. La postadolescence prolongée d'au moins une génération s'est enfin achevée. Ce jour-là, la musique s'est tue. Et maintenant, qu'allons-nous faire? Tous les gens que je connais attendent que le monde change.

C'est incroyable de voir jusqu'où nous avons chuté. Dans les années 60, nous écoutions des gens tels que Bobby Kennedy et Martin Luther King exprimer la vision d'une Amérique et d'un monde ayant réalisé leur plus haut potentiel. Notre musique fournissait la bande-son idéale de leurs rêves, et nous chantions «All You Need is Love» à des rassemblements politiques. C'est vrai que bon nombre d'entre nous étaient complètement *stoned* à l'époque, mais nous ne le sommes plus aujourd'hui, ce qui veut dire quelque chose. Ça nous a peut-être pris 40 ans, mais nous avons enfin acquis la maturité nécessaire pour concrétiser les rêves que nous avons faits nôtres il y a bien longtemps.

Pourquoi nous a-t-il fallu autant de temps? Pourquoi 40 ans? Qu'est-ce qui nous a retenus?

---

[*] L'auteure fait allusion à Abraham Lincoln, Martin Luther King et à John Kennedy, qui furent tous assassinés pour les idées qu'ils défendaient.

Ce qui nous a stoppés plus que tout, je pense, c'est le meurtre. Les voix de Bobby Kennedy et de Martin Luther King, comme celle de quatre étudiants de la *Kent State University*, ont été violemment et abruptement réduites au silence, sous nos yeux. Ces balles-là ne leur étaient pas seulement destinées ; psychologiquement, elles nous visaient tous et nous le savions. Le message non formulé de ces assassinats n'aurait pas pu être exprimé plus clairement. Il n'y aurait plus d'autres protestations. Nous devions rentrer chez nous. Nous pouvions faire ce que nous voulions dans le secteur privé, mais nous devions abandonner le secteur public à ceux le voulant tellement qu'ils étaient prêts à tuer pour en avoir le contrôle.

Et c'est ce que nous avons fait. Une génération plus talentueuse et privilégiée que la plupart ayant foulé cette Terre a investi la majorité de ses talents dans des préoccupations privées — d'une futilité totale, pour la plupart — en abandonnant, pour la majorité, toute la sphère politique à d'autres. Et, durant quelques décennies, ça a donné l'impression de fonctionner. On peut comparer l'Amérique à une maison dans laquelle la majorité d'entre nous se sont précipités au premier étage (les arts, la spiritualité, la carrière, les loisirs), en laissant le rez-de-chaussée (la politique traditionnelle) à des penseurs moins inspirés. On a essayé de se convaincre que cet arrangement fonctionnait bien, jusqu'au jour où ceux d'entre nous qui étaient sur le balcon ont commencé à sentir l'odeur caractéristique d'une maison en feu.

Ne faudrait-il pas que quelqu'un crie « Au feu ! » maintenant ?

À titre collectif, on nous a renvoyé notre scénario pour le réécrire. Il nous est ainsi donné une deuxième chance d'en déterminer la fin. La première fois, nous nous sommes laissés réduire au silence. Reste à savoir si l'on nous fera taire cette fois-ci.

> *Cher Dieu, en cette époque de périls globaux, pourrais-je être un canal pour Tes miracles. Guéris-moi, pour que je puisse en guérir d'autres, et contribuer à l'avènement d'un monde plus beau. Amen*

DURANT SON SECOND MANDAT, le président Bill Clinton a proposé la tenue d'une conversation nationale sur le thème de la race. Les gens ont fait de leur mieux pour se montrer à la hauteur de cette proposition, mais bien vite l'idée a commencé à partir en eau de boudin. D'un point de vue transformationnel — qui prend en compte l'importance des facteurs psychologiques, émotionnels et spirituels, et non seulement matériels — ce ne fut guère une surprise. On ne peut avoir de véritable «conversation» sur la race — une conversation qui soit authentique et sensée, porteuse d'un espoir de véritable changement — sans qu'une partie des personnes impliquées ait l'occasion d'exprimer toute la colère qu'elle a accumulée depuis des centaines d'années.

Pour avoir animé des groupes de soutien spirituel durant plus de 20 ans, j'ai quelques expériences dans l'art de faciliter l'émergence d'un espace sacré permettant une conversation profonde. Il faut créer une énergie très particulière dans ces groupes pour garantir la sécurité émotionnelle et le bien-être de tous les participants. La plupart d'entre nous ont connu une énergie de ce genre en thérapie, dans des rituels religieux ou ailleurs. C'est une vibration tout à fait distincte d'une conversation normale, associée à des ondes cérébrales également différentes.

Lorsque Marie était à la recherche de son fils, Jésus, elle l'a trouvé dans le temple. Et il y a une raison à cela. Ce n'est que dans un espace sacré qu'une âme peut en trouver une autre.

Dans cet espace, tout est révélé : une communication totale s'y échange et des miracles s'y produisent spontanément. Tant que l'on n'aura pas atteint ce degré de dialogue en soi-même et avec autrui, il n'y aura pas de percées réelles dans la gestion de nos problèmes les plus urgents. Ce qui ne résoudra *pas* nos problèmes actuels, c'est le mode de pensée classique. Ce qui ne les résoudra *pas* non plus, ce sont les vieilles formules d'autrefois qui ne sont plus adaptées à aujourd'hui. Ce qui ne les résoudra *pas* davantage, ce sont les petits jeux incessants d'attaque et de défense. Et les conversations creuses.

Ce qui parviendra *effectivement* à les résoudre, c'est une nouvelle conscience, d'où émergeront une nouvelle manière de penser et de nouveaux espoirs. La planète a besoin d'une nouvelle histoire, et nous aussi.

Quelles personnes seraient plus indiquées pour contribuer à créer une nouvelle histoire pour la planète que celles qui œuvrent précisément à en rédiger une nouvelle pour elles-mêmes ? L'un des problèmes de la cinquantaine, c'est la tentation de la redondance, de se contenter de s'imiter soi-même en refaisant ce qu'on a toujours fait, mais avec moins de verve. Et pourtant, l'impulsion du moment — aux plans tant personnel que collectif — est de maintenant lâcher prise envers ce qui doit l'être, de s'arracher au passé et d'embrasser un mode de vie tout nouveau. Il est là, à notre portée. Il nous attend individuellement et globalement en tant qu'espèce. Il vit déjà dans notre imagination, et nous pouvons le revendiquer si nous le voulons. Chacun de nous a été encodé pour contribuer le plus efficacement possible à changer le monde, dans la mesure où nous voulons bien, nous-même, *être changé*.

J'ai pu un jour partager un moment intime et fascinant, lors d'une soirée privée où j'ai vu Babyface, producteur de musique, auteur et interprète, gratter une guitare et chanter sa célèbre chanson «Change the World», tandis qu'Andrew Young, ancien maire d'Atlanta, ambassadeur des Nations Unies et légende vivante des droits civils, était assis à proximité et l'écoutait, le regard perdu au loin. L'un chantait son désir de changer le monde, tandis que l'autre se souvenait de tout ce qu'il avait déjà entrepris dans ce sens. Pourtant, l'un et l'autre avaient reçu leur vision du possible de la même source intérieure, d'où chacun de nous devrait également tirer son inspiration et son espoir.

La véritable vision ne provient pas de ce que nous voyons dans le passé ou le futur : elle naît de ce que nous percevons en nous. L'âme est seule dépositaire de nos rêves d'un monde né une nouvelle fois. C'est l'âme qui nous dirigera — quel que soit notre âge — vers le rôle que nous serons le mieux habilité à jouer pour réaligner la Terre sur la conscience du ciel. Nous possédons en nous-même, par le truchement d'un système de guidance interne créé par Dieu Lui-même, toutes les instructions dont nous avons besoin pour accompagner l'accouchement d'un nouveau monde. Notre *moi* éternel, mais aussi le *moi* temporel, ont été parfaitement programmés pour ce que nous avons à faire maintenant.

Et je dis bien *maintenant*.

*Cher Dieu, s'il Te plaît, prépare-moi cœur et âme
à apporter la lumière dans cette sombre époque.
Amen*

L'HISTOIRE PROGRESSE une découverte à la fois. De l'adoption d'un Dieu monothéiste par les juifs à la vision de la compassion selon le Bouddha; de l'enseignement de Jésus selon lequel Dieu est amour, à l'insistance de Martin Luther, pour qui nous pouvons nous adresser à Dieu directement; du génie créateur individuel encouragé par la Renaissance italienne à la maturité philosophique des Lumières européennes; de la Grande Expérience américaine à la découverte de la physique quantique; la marche des armées est relativement modeste comparée à celle des idées. Or, telle est justement la finalité du temps, à la fois pour l'individu et pour l'espèce : qu'à mesure que la vie progresse, notre compréhension puisse gagner en maturité…

Il nous arrive tous, par moments, de faire deux pas en avant pour un en arrière, mais l'impulsion évolutive n'en subsiste pas moins, dans chaque battement cardiaque, chaque cellule, chaque aspect de la vie : aller de l'avant, en dépit de toute résistance. Notre tâche consiste à nous associer consciemment à cette impulsion, en partenariat complet avec la force d'amour qui réside au cœur de toutes choses, entrelacée avec sa pulsation et sa chaleur divines, cette force qui à la fois chevauche et dirige la vague qui permettra enfin à l'humanité de s'élever.

IL EST STUPÉFIANT DE VOIR LE NOMBRE DE PERSONNES, aujourd'hui, qui ne sont pas certaines que la planète existera encore d'ici 50 ans. Notre destruction pourrait advenir de tant de manières différentes, des catastrophes climatiques aux accidents militaires...

D'un point de vue rationnel, la chose est certainement vraie. Mais le pouvoir spirituel est non rationnel. Cela ne veut pas dire qu'il soit *irrationnel* ; simplement non rationnel. Il émane d'un champ quantique qui n'est pas limité par les circonstances humaines. Les risques de catastrophes qui menacent le monde aujourd'hui reflètent le genre de personnes que nous avons été jusqu'ici, et ces risques resteront ce qu'ils sont tant que nous resterons ce que *nous* sommes. Les possibilités de transformation miraculeuse des affaires du monde reflètent quant à elles la possibilité d'un changement miraculeux en nous-mêmes.

Seule une transformation spirituelle, et non une quelconque manipulation humaine, est capable d'avoir un impact suffisamment profond pour modifier la dangereuse trajectoire que suit actuellement l'histoire humaine. Il est impossible de «bricoler» une solution pour sortir de la situation présente. Il nous faut un miracle, lequel n'adviendra que si nous devenons nous-mêmes des faiseurs de miracles.

Des miracles se produisent spontanément en présence de l'amour. Dans notre état naturel, nous sommes effectivement des faiseurs de miracles, car l'amour est ce que nous sommes. Parler de notre transformation personnelle — évoquer ce passage de la peur à l'amour — n'est pas un exercice narcissique. Ce n'est ni de la pensée nébuleuse, ni une attitude *nouvelle âgiste* de cerveaux ramollis. C'est la composante la plus indispensable dont nous avons besoin pour recréer la société humaine et modifier le cours de l'histoire.

Le problème du monde actuel, c'est que nous avons été arrachés à notre état naturel. Séparés de nous-mêmes, nous développons des dépendances. Séparés les uns des autres, nous nous exploitons mutuellement. Séparés de la Terre, nous la détruisons. Et cette déchirure, cette séparation d'avec notre unité divine, n'est pas une métaphore. Ce n'est pas un symbole. C'est littéralement une pathologie vicieuse et insidieusement progressive de l'esprit humain. C'est une *force*. Et elle a à sa disposition un niveau aussi sophistiqué de compétences mentales que la meilleure partie de nous. C'est notre côté sombre, et il est naïf d'en sous-estimer la portée.

Lors d'une de mes conférences, j'ai mentionné un jour la notion de *mal*. Une femme s'est alors levée au fond de la salle et a dit : « Je ne crois pas au mal. Là où certains voient le mal, je ne vois que blessures et souffrances. » Je lui ai répondu que la souffrance qu'elle évoquait était souvent la *cause* du mal, effectivement. Mais je ne comprends pas en quoi la reconnaissance de la cause implique le déni de l'effet.

Ce n'était pas mal de brûler des sorcières ? Un génocide, ce n'est pas mal ? Et trancher la gorge à des enfants, les acheter ou les vendre comme esclaves sexuels, leur couper les membres un à un, ce n'est pas mal non plus ? Qu'un homme soit ligoté dans sa cave, contraint d'entendre les hurlements de sa femme et de ses filles que l'on viole de manière répétée avant de les brûler, ce n'est franchement pas mal ? D'où tenons-nous cette idée qu'il serait prétendument « spirituel » de minimiser le mal ?

En tant qu'étudiante d'*Un cours en miracle,* je comprends tout à fait que, dans la réalité, tout ce qui existe est amour. Mais la planète où nous vivons n'est *pas* la réalité ultime ; c'est une illusion collective, aussi puissante dans ses effets que la vérité elle-même. Et ici, dans cette illusion globale, ce qui n'est pas amour conserve toute son emprise. D'après *Un cours en miracles*, dans le meilleur des cas, l'ego est suspect ; dans le pire, il est vicieux.

Les gens qui croient au miracle ne sont pas naïfs quant au côté sombre ; nous ne nous baladons pas avec des bidons de peinture rose dont nous recouvrons toutes choses pour pouvoir ensuite prétendre que tout va bien. On ne peut pas invoquer l'aube si l'on nie que la nuit est tombée. Qu'est-ce qui rend davantage service au côté sombre que des gens qui refusent d'admettre sa nature rusée et insidieuse ? Un adulte sérieux n'est pas quelqu'un qui détourne les yeux des souffrances du monde, mais quelqu'un qui considère que le but de l'existence est de s'engager à les guérir.

D'une certaine manière, c'est cela que notre génération avait à apprendre. Dans une région du monde où la vie était si facile, nous avons peut-être subconsciemment créé notre propre enfer privé, de manière à enfin nous éveiller à celui que vivent tant de gens ailleurs. Peut-être qu'il nous fallait l'écroulement d'un pont dans le Minnesota pour que nous puissions imaginer ce que c'est que de voir sa ville, son pays, ses ponts, ses hôpitaux, ses marchés, ses écoles et ses enfants se faire bombarder chaque jour.

Peut-être alors, à titre collectif cette fois, atteindrons-nous cet état que la plupart d'entre nous ont connu dans l'intimité de leur propre cœur, et qui nous fera dire : « Oh, mon Dieu ! Qu'avons-nous fait ? »

Alors, animés de remords authentiques pour avoir agi de façon si irresponsable, nous commencerons à nous racheter, en tant que nation et en tant que civilisation, comme bon nombre d'entre nous ont déjà commencé à le faire à titre individuel. Nous reconnaîtrons avoir eu tort, nous remettrons notre âme aux mains de Dieu, et nous prierons avec ferveur pour qu'il nous soit donné une autre chance.

> *Cher Dieu, pardonne-nous s'il Te plaît pour les plaies infligées à la Terre et les souffrances inutiles qui affligent ses habitants aujourd'hui. Intercède au nom de notre* moi *supérieur et répare les dommages occasionnés. Remplace notre peur par l'espoir, cher Dieu, et mue toute haine en amour.*
> *Amen*

DESCARTES A DIT : «JE PENSE, DONC JE SUIS.» Pour ma part, je dirais : «Je suis reliée à Dieu, donc je suis.» Sans ma foi, j'ai le sentiment que je ne serais rien d'autre qu'un assemblage désordonné de pensées et de sentiments, privé de sens et de finalité.

Je ne dis pas que sans ma religion je ne serais rien, bien que je pense que j'en serais diminuée. Je veux dire que je tire le sentiment de sécurité émotionnelle qui m'habite de la croyance que je ne suis pas seule dans l'Univers, que je suis soutenue par ce que Martin Luther King nommait «présence cosmique». Je ne peux imaginer combien ce monde doit sembler froid — en particulier de nos jours — à tous ceux qui n'inscrivent pas leur existence dans un cadre plus vaste, relevant d'un autre monde. En l'absence de perspective spirituelle, je ne sais pas comment font les gens.

À intervalles réguliers, des gens me demandent ce que j'aurais fait de ma vie si je n'avais pas trouvé *Un cours en miracles*. En général, je réponds en évoquant le rôle d'Edina

dans la série télévisée britannique *Absolutely Fabulous*. Si
vous ne l'avez jamais vue, croyez-moi : ce n'est pas reluisant.
Comme ce personnage, certaines personnes restent coincées
dans leur vie à tourner indéfiniment en rond, en repassant
toujours par les mêmes endroits, parce qu'elles ne trouvent
pas la porte qui leur donnerait accès à un autre éventail
d'options. La plupart d'entre nous ont un jour connu pareille
situation. Tout ce que je sais, dans mon cas, c'est que l'échap-
patoire a été une porte que je ne pouvais pas ouvrir par moi-
même.

À l'université, j'ai suivi des cours où nous lisions des
livres évoquant un état philosophique d'*ennui**, c'est-à-dire
un sentiment d'isolement dans l'Univers et de désespoir
existentiel. Mais, à cette époque de ma vie, il m'était impossible d'apprécier pleinement ce que tout cela signifiait. Ce
n'est qu'au fil des ans, à mesure que les illusions de ce monde
se dissipent sous vos yeux, couche après couche, que vous
finissez par apprécier une constante relevant d'un autre
monde. À moins d'avoir un lien avec une puissance supé-
rieure, les pouvoirs inférieurs peuvent vraiment avoir raison
de vous.

Et quand on a atteint un certain âge, on n'est pas trop fier
d'avoir à solliciter de l'aide.

Ça m'amuse toujours d'entendre quelqu'un dire que la
foi n'est qu'une béquille. Je me dis que si vous avez la jambe
cassée, ça doit être agréable d'en avoir une. Et vous vous en
servez seulement jusqu'à ce que vous soyez à nouveau sur
vos deux pieds. S'appuyer sur Dieu ne veut pas dire prendre
appui sur quelque chose en dehors de soi. Cela veut dire
s'appuyer sur la Vérité de toutes choses, sur un pouvoir

---

* En français dans le texte original.

supérieur dont le trône n'est pas quelque part là-bas, mais dans votre propre cœur. Vous prenez donc appui sur le pouvoir de la compassion et du non-jugement. Vous vous appuyez sur les lois de l'Univers qui sont objectives et identifiables ; avoir foi que l'amour produit des miracles ne diffère en rien d'avoir foi que la gravité fait tomber les objets.

Si j'ai le choix entre prendre appui sur un Créateur divin ou sur les pouvoirs illusoires d'un monde désorienté et rempli de souffrances, je choisis chaque fois le premier. Parfois, à mon réveil le matin, je sens mon âme tendre vers Dieu et mon mental prononcer des phrases telles que : *Tout ce que je désire, c'est la paix de Dieu*, avant même d'avoir ouvert le manuel d'*Un cours en miracles* qui se trouve sur ma table de chevet. Je suis tout sauf une version contemporaine de sainte Thérèse, ne vous déplaise. Je suis juste épuisée par une vie passée à chercher tout sauf ce qui était le plus important. Mon âme est venue percuter tant de falaises rocheuses que j'ai fini par comprendre que j'étais le vent. Et qui d'autre que Dieu pouvait calmer la tempête de mon âme ? De plus, j'ai le sentiment, pour avoir été calme durant certains moments, certaines heures et certains jours, que cet état, quand je l'atteins, ne m'est pas seulement utile à moi, mais à Lui aussi. Du moins, c'est dans ce sens que je prie.

CHAQUE PROBLÈME NOUS MET AU DÉFI de devenir quelqu'un de meilleur. Dès lors, imaginez ce que la vie nous appelle à devenir, à notre époque, pour parvenir à inverser l'histoire. Quel saut quantique nous fera passer du niveau de conscience où nous avons créé nos problèmes à celui où nous pourrons miraculeusement les résoudre ? Que sommes-nous destiné à devenir, pour qu'en notre présence les formes-pensées de la haine se dissolvent purement et simplement?

C'est en cela que notre époque est aussi exaltante. Sachant que Dieu a la réponse à tout problème, dès l'instant où il en survient un, il existe donc dans Son esprit un plan absolu, un modèle pour notre salut déjà gravé en détail dans nos cœurs. D'après ce plan, nous serons rachetés et mis sur une nouvelle voie d'évolution, à titre individuel et collectif. Toutes les vieilles notions disparaîtront et l'espèce humaine se rappellera enfin que nous avons été conçus dans l'amour, que nous sommes là pour aimer et, d'une façon ou d'une autre, nous nous souviendrons d'aimer.

L'une des choses les plus importantes que chacun puisse faire est de prier et de méditer régulièrement. La prière, d'après *Un cours en miracles,* est le canal des miracles. Elle nous transforme et, à travers nous, le monde entier. Parmi ceux qui prient et méditent avec régularité, il n'y a personne qui se fiche de ce qui se passe dans le monde.

La première raison de prier et méditer est de parvenir à gérer la noirceur du monde et à renforcer notre résistance face au chaos et à la négativité qui y règnent. En cette époque historique de transition, beaucoup de gens éprouvent un léger degré de panique dont ils n'ont même pas conscience. Nous devrions tous nous entourer d'un bouclier de lumière, et c'est précisément ce que nous fournissent la prière et la méditation.

Cependant, il est intéressant de noter que nous ne prions et ne méditons pas seulement pour gérer le côté sombre. On le fait également pour apprendre à gérer la lumière. De nos jours, notre système nerveux est bombardé par des forces de lumière qui se déversent sur nous, en réponse aux prières de l'humanité appelant à l'aide, mais un système nerveux qui n'est pas préparé à un tel flot d'énergie peut rapidement atteindre la surcharge. Cela ne sert pas à grand-chose de réussir à déclencher des miracles si nous sommes émotionnellement et psychologiquement inapte à les recevoir quand ils arrivent. La prière ne sert pas seulement à manifester le bien; elle nous prépare à savoir l'utiliser quand il se présente.

Comme le disait Martin Luther King : «[Nous avons] autant besoin d'un changement qualitatif dans notre âme que d'un changement quantitatif dans notre vie.» Beaucoup de gens disent aujourd'hui que le développement durable exige de nous d'opter pour une existence matérielle plus modeste, et c'est peut-être vrai. Mais au plan spirituel, nous sommes au contraire appelés à vivre une vie *plus grande*, à laquelle nous résistons probablement tout autant.

Un jour, j'ai entendu l'écrivain Stedman Graham suggérer que même les êtres les plus accomplis parmi nous ne vivent pas encore à 100 pour cent. Cette réflexion m'a poursuivie. Je me demandais ce que devenaient les 20 pour cent restant si on a l'impression de ne vivre qu'à 80 pour cent. Sont-ils en attente quelque part sur un rayon, sous forme de potentialité pure jusqu'à ce qu'on soit prêt à les manifester? Ou plutôt dans un recoin de l'Esprit de Dieu, sous bonne garde? Et quand nous ouvrons grandes les écluses de notre potentiel, est-ce que nous récupérons toutes les possibilités que nous avons échoué à manifester depuis 30 ans?

Quand on ne se développe pas dans certains domaines, cela se traduit graphiquement par une «ligne plate», alors que les autres, pendant ce temps, grimpent progressivement en traçant symboliquement une diagonale. Mais sitôt qu'on s'éveille à une conscience qui nous fait retrouver la courbe naturelle de l'évolution de notre âme, nous effectuons une ascension verticale directe jusqu'au point où nous étions censé être, où nous *aurions* dû être si nous n'avions pas pris du retard. C'est ce qui arrive souvent quand les gens dessoûlent; tout d'un coup, il émane d'eux une énergie positive qu'ils avaient supprimée durant les années où ils buvaient.

Même si vous n'êtes dépendant d'aucune substance, le seul fait de vivre dans cette société vous a fait côtoyer de près un système addictif. Le président Bush avait raison de dire que l'Amérique est «accro au pétrole» (et à plusieurs autres choses également), et les comportements pathogènes qu'engendre cette dépendance s'étendent comme des tentacules à toute notre vie. Quand un parent est alcoolique, ses enfants portent le fardeau psychologique de ses problèmes non résolus. Quand quelqu'un vole une élection présidentielle, les citoyens de son pays portent le fardeau psychologique de ce secret honteux. Quand une nation en envahit une autre pour prendre le contrôle du pétrole, ses habitants assument le karma collectif et la culpabilité que leur vaut le fait d'être les complices involontaires de ce qu'on appelle par euphémisme un «changement de régime», mais qu'on aurait autrefois qualifié de «pillage et saccage». Ces forces-là, comme de nombreuses autres, ont eu une influence sur notre psyché, faisant obstacle à l'émergence de notre *moi* le meilleur. Il n'est pas étonnant que nous soyons si nombreux à être dépressifs ou émotionnellement éteints. Nous vivons une époque extrêmement critique.

Il est temps de redevenir sobres aux plans émotionnel et psychologique, maintenant… de nous arracher à la stupeur des quelques dernières décennies. De revendiquer le pourcentage de notre potentiel que nous n'avons pas encore manifesté, et de viser les 100 pour cent. La course est lancée. Nous y sommes. Prions. En avant!

LE PROBLÈME N'EST PAS QUE NOUS NE PRENIONS PAS L'AMOUR pour quelque chose d'important; le problème est que nous ne pensions pas que ce soit la chose *la plus importante* au monde. Nous avons à notre disposition des tonnes et des tonnes de distractions.

Mais un déclic se fait un jour, après qu'on a vécu assez de choses. Des enfants qui souffrent inutilement… des gosses qui partent à la guerre… des gens qui meurent de faim dans un monde d'abondance : les problèmes secondaires pâlissent, par comparaison. Le jour vient où vous regardez les nouvelles et, soudain, vous vous dites : *Mais bon sang! Qu'est-ce que nous fabriquons?*

C'est horrible de se faire cette réflexion, mais les terroristes, eux, savent ce qu'ils font. Je ne peux pas m'imaginer un terroriste à la petite semaine, un terroriste sans grande motivation, une sorte de terroriste. Les terroristes ont un plan, cela est certain, et ils feront tout ce qu'il faut pour le réaliser. Mais notre plus grand problème, ce n'est pas seulement qu'un nombre relativement restreint de personnes haïssent avec conviction, c'est que trop peu d'entre nous aiment avec autant de conviction.

À chacune de nos pensées d'amour, nous participons à la création d'un champ unifié de possibilités exponentiellement plus grandes pour chacun. Lorsqu'un papillon bat des ailes à la pointe sud de l'Amérique, il affecte le mouvement des vents au pôle Nord. Il en va de même dans l'univers de la conscience : chaque miracle que vous accomplissez dans votre vie est une bénédiction pour la vie elle-même.

Il y a quelques années, les Amish de Pennsylvanie, qui se tiennent à l'écart de tout pouvoir temporel, nous ont montré à tous ce qu'est vraiment l'amour. Quand certaines de leurs petites filles ont été ligotées et abattues par un tireur fou, ils lui ont pardonné. Permettez que je le redise : ils lui ont *pardonné*. Ce jour-là, notre nation tout entière a su, sans l'ombre d'un doute, que nous étions en présence de l'amour véritable. Les plus durs à cuire de nos commentateurs et présentateurs, qui ne font pas preuve d'humilité, d'authenticité et de sincérité devant n'importe qui, l'ont fait cette fois en relatant cet épisode tragique.

D'après *Un cours en miracles*, tous les esprits sont unis. Nul ne pouvait être mis au courant de la réaction des Amish à la tragédie qui les frappait sans en être aussitôt transformé. En manifestant la grâce qui les habitait, nous avons pu à notre tour être touchés par la grâce. Nos âmes ont été ébranlées non seulement par leur chagrin, mais aussi par leur spiritualité. En s'accrochant à la lumière, ils ont transcendé l'obscurité… et pas seulement pour eux-mêmes. On n'aurait pas pu imaginer de plus authentique crucifixion du Christ, ni de plus véritable résurrection. Et dans le cas de Jésus, comme dans celui de ses véritables disciples, les Amish, des millions de gens en ont été bouleversés.

L'amour est à la peur ce que la lumière est à l'ombre ; en présence de l'un, l'autre disparaît. Quand nous serons assez nombreux à nous dresser dans la lumière de l'amour véritable — non pas un amour simpliste, mais le puissant, l'extraordinaire amour de Dieu — alors toutes les guerres cesseront. Mais pas avant. Tant qu'un nombre suffisant d'entre nous n'auront pas appris à aimer comme Dieu aime, créant ainsi un champ de force de sainteté pour purifier la Terre et en dissoudre le mal, nous poursuivrons notre marche vers un désastre planétaire. L'amour est la réponse. Et pourtant, voyez combien cette pensée terrifie l'ego. Cette notion — que l'amour soit notre salut — nous paraît plus effrayante que la guerre, n'est-ce pas ? Nous y résistons encore plus qu'à une catastrophe nucléaire. Et pourquoi ? Parce que l'amour dont je parle est celui qui transcende l'ego ; or le monde où nous vivons fait précisément le bonheur de l'ego. Ce dernier sait qu'en nous ouvrant à un tel amour nous allons le détruire, lui. Ce sont pourtant nos seuls choix, en réalité : soit l'ego survivra, soit ce sera nous.

Chacun ne dispose pas d'argent ou de pouvoir en ce monde, mais nous avons tous la même capacité à penser, à émettre une intention et à prier avec conviction. L'amour est une ressource indéfiniment renouvelable. Nous n'aurions pas trop à nous soucier de l'état du monde s'il existait un accord plus universel entre nous, stipulant que nous ferons tout ce qui est en notre pouvoir pour guérir le monde.

Qui que nous soyons, nous sommes censé accomplir certaines choses pour répondre à l'appel de notre âme. Mais l'appel de l'âme n'est pas une révélation écrite en lettres géantes à travers le ciel. C'est plutôt le défi de réussir à devenir la personne que nous sommes capable d'être à tel instant donné. On ne sait jamais sur quoi débouchera telle conversation ou telle rencontre, si on y participe du mieux qu'on peut. L'univers de Dieu n'est lui-même qu'une grande intention d'amour, et quand on aligne ses propres intentions sur les Siennes, on met en mouvement un genre de vent qui nous souffle dès lors dans le dos.

La haine et la peur ne disposent pas d'un tel soutien cosmique ; si elles ont un pouvoir propre, elles n'en possèdent aucun de spirituel. Elles sont donc spirituellement impuissantes lorsqu'elles se retrouvent face à un amour authentique. On lit des nouvelles terribles de nos jours, mais en dépit de toute la noirceur qu'il y a là-bas, dehors, il y a plus d'amour ici, en dedans. C'est peut-être à cela que servent les grands problèmes du monde, au fond : ils nous mettent au défi de creuser plus profondément en nous-même pour découvrir qui nous sommes et comment vivre d'une manière différente. Martin Luther King disait qu'il était temps d'injecter une nouvelle sorte d'amour dans les veines de la civilisation humaine. C'est justement ce*t* amour-*là* qui s'amplifie aujourd'hui. C'est une nouvelle façon de penser, un grand chamboulement du cœur.

Dans tous les domaines — de la médecine aux arts, en passant par l'éducation, les affaires, les médias et la politique — il y a des gens qui manifestent de nouvelles manières d'être et de nouveaux comportements, plus éclairés qu'avant. Et, qui que nous soyons, nous pouvons tous nous mettre en phase avec des idées plus adaptées. Qu'il s'agisse d'un acte aussi simple que d'utiliser d'autres ampoules électriques pour prévenir le réchauffement global ou de s'impliquer dans la reconstruction d'une école de quartier, de participer à un groupe de méditation ou de pardonner à ceux qui nous ont fait du tort, nous pouvons tous prendre part à une nouvelle vague de création. Quand nous nous consacrerons consciemment à créer une planète plus aimante, tout ce qui n'est pas amour succombera à son propre poids mort.

Et quand tout cela se combinera, le monde changera en un clin d'œil.

Cher Dieu, je remets le monde entre Tes mains.
Sers-Toi de moi, je T'en prie, pour redresser la
situation. Amen

Chapitre neuf

NOUS SOMMES LE MONDE

Quand on prend de l'âge, notre esprit comme notre corps ont davantage besoin de moments de tranquillité, de réflexion et d'immersion dans la magie qu'il y a à être, tout simplement. Il s'agit moins d'un retrait du monde de notre part que du passage à une appréhension beaucoup plus profonde de celui-ci. Car le monde, en réalité, est beaucoup plus grand que ce qu'en discernent nos yeux physiques. La valeur du vieillissement — oui, j'ai bien dit cela : la valeur du vieillissement — réside en partie dans ce qu'il nous fait accéder naturellement à des sphères où nous sommes moins arrimé aux réalités du monde matériel. Ce n'est pas tant qu'on perde de vue ce dernier, qu'on finisse par véritablement le trouver. Je trouve profondément libérateur d'avoir oublié certaines choses; Dieu merci, je les ai oubliées! Et je ne dis pas cela pour minimiser certains monstres effrayants tels que la peur de la maladie d'Alzheimer. C'est simplement pour mettre certains de ces changements en perspective.

Je ne pense pas aussi vite qu'autrefois, j'en suis certaine. Tout comme je ne parle pas et je ne me déplace plus aussi rapidement non plus. Mais j'ai le sentiment de penser plus profondément. Comme si j'avais désormais une compréhension globale des choses.

JE ME SUIS RÉVEILLÉE UNE NUIT sous le coup d'une révélation qui brillait comme une enseigne au néon : la clé de notre salut, en tant qu'humains, est de vivre les uns pour les autres. Je sais, je sais : rien de très nouveau. Mais au moment où je l'ai reçue, cette révélation m'est apparue grande et profonde.

De toute évidence, nous avons déjà tous entendu ce concept auparavant, mais ne sommes-nous pas comme paralysés par ce qu'il signifie vraiment ? Est-ce que cela veut dire qu'il nous faut faire don de toutes nos possessions aux pauvres ? Comment faut-il gérer cela par rapport à nos responsabilités en ce monde ? Ne devons-nous pas avoir un toit à offrir à nos enfants ? Ne sommes-nous pas censés subvenir à leurs besoins ? Et est-ce mal que d'apprécier les belles choses ?

Dans *Un cours en miracles*, il est dit : « Pour avoir, donne tout à tous. » Mais parfois, vous regardez le monde matériel et vous vous dites : *Quand même, ça ne peut pas vouloir dire cela…*

La phrase que j'ai entendue dans ma tête, cette nuit-là, n'était pas « Fais don de tout ce que tu possèdes. » C'était : « Vis pour les autres. » Et je me suis demandé à quoi ressemblerait le monde si nous faisions tous cela. On nous a tellement programmés à vouloir être le meilleur, comme si « moi » était tellement plus important que « nous ». Pourtant, c'est bien le passage d'une vie vécue pour soi à une vie vécue pour les autres qui constitue l'impératif spirituel permettant à l'humanité de retrouver le chemin du jardin.

Comment, alors, conserver de saines limites personnelles ? Est-ce que vivre pour les autres signifie que je dois tout donner à tout le monde, c'est-à-dire mon temps, mon énergie, mon argent, mon cœur ? Je m'y suis essayée, j'ai tenté d'être un modèle de sacrifice de soi, de n'avoir jamais de temps pour moi, de me culpabiliser de vouloir m'occuper de moi-même, de passer mon temps à essayer de plaire aux autres ou à faire des choses pour eux. Et ça ne m'a menée nulle part. Cela m'a simplement rendue amère, furieuse, encline à me faire voler, et animée du sentiment d'être dans une ornière sur mon chemin spirituel, au lieu d'y progresser plus rapidement. La plupart du temps, j'étais si épuisée que j'étais rarement en mesure de donner le meilleur de moi-même aux autres.

De saines limites *sont* bel et bien une marque d'amour : elles sont une marque de respect envers celui qui les pose et envers ceux à qui il est demandé de les respecter. Je crois qu'il est préférable de chercher à mener une existence équilibrée, en paix avec soi et avec ceux qu'on aime, car ensuite, quand on reporte son attention sur le monde, on a beaucoup plus à lui offrir. On lui apporte une version plus évoluée de soi-même.

Selon *Un cours en miracles*, le sacrifice n'a pas sa place dans l'univers de Dieu. Prendre soin de soi-même, d'une manière juste, c'est déjà faire une contribution significative à un plan plus grand, car on peut ne pas donner ce que l'on n'est pas. Cet espace de paix que l'on atteint ainsi, et le comportement modéré qui en découle, engendrent plus d'argent, de temps et d'énergie qu'il n'en faut pour les partager autour de nous. Se mettre au service d'autrui est une tâche sérieuse, mais ce n'est pas de la codépendance.

Alors, comment fait-on pour vivre pour les autres ? La meilleure réponse que je puisse donner est que se mettre au service d'autrui est une manière d'être. Cela veut dire que je peux faire en sorte que la personne qui vient de porter mes bagages jusqu'à ma chambre d'hôtel sente combien j'apprécie ce qu'elle a fait pour moi. Je peux bien sûr lui donner un pourboire généreux, mais surtout le doubler d'une attitude respectueuse pour son travail. Les deux aspects sont importants. Cela veut dire, qu'à tout moment, en tant que partie intégrante de ma pratique spirituelle, je peux faire ce qui est en mon pouvoir pour témoigner mon amour et mon respect à la personne qui est devant moi, à l'autre bout du téléphone ou ailleurs.

Chaque jour, pour la plupart d'entre nous, nous avons plus de contacts avec d'autres êtres humains que nous ne le réalisons, et à chaque rencontre, une opportunité de miracle nous est offerte. Il y a la personne de l'autre côté du comptoir, là où vous avez pris votre café. Et celle, au bout du fil, à qui vous avez passé un appel à propos de votre lave-vaisselle en panne. Il y a celui qui lave les vitres dans l'immeuble où vous travaillez. Ça ne semble pas être grand-chose, cette petite goutte de compassion qui s'ajoute à l'Univers quand vous vous montrez plus aimable, mais l'important n'est pas ce qu'elle représente dans l'Univers. Ce qui compte, c'est ce qu'elle a fait pour vous — elle vous a changé — et c'est ainsi que le monde change.

Ce qui fait que la sainteté de nos actes ne tient qu'à un changement dans le but qui nous anime. Tout ce que nous faisons pour notre seule satisfaction n'est qu'une impasse spirituelle. Aucune bénédiction cosmique ne s'y ajoute et ne le soutient. Tandis que la moindre chose que l'on entreprend en pensant aux autres — même s'il s'agit de mieux s'occuper de soi afin d'être mieux préparé et plus disponible pour rendre service à autrui — porte en soi la bénédiction d'un Univers rempli d'amour.

Il y a un temps pour s'amuser et un temps pour travailler. La relation qui unit les deux semble être une constante qu'on retrouve dans tous les systèmes naturels ; vous pouvez le sentir dans vos tripes, que vous soyez sur la bonne voie ou que vous fassiez fausse route. Quand votre vie n'est qu'amusement et que vous ne travaillez pas, vous éprouvez un sentiment d'inadéquation. Et quand elle n'est que travail, sans loisirs, vous êtes déséquilibré et, de ce fait, peu utile aux autres. En réalité, c'est justement parce que les problèmes de ce monde sont *vraiment* sérieux que nous avons, par moments, besoin de faire ce qu'il faut pour nous détendre. La preuve que vous avancez dans le bon sens, c'est, par exemple, quand vous parvenez simultanément à être sérieusement au service d'autrui tout en prenant sérieusement du bon temps. Cela vous paraît juste parce que c'*est* juste. Au stade le plus profond, tous nos besoins n'en forment qu'un seul.

DEPUIS QUELQUES ANNÉES, UNE NOUVELLE TENDANCE a vu le jour : la «seconde carrière» est devenue très en vogue. Des gens ayant passé 20, 30 ou 40 ans dans un domaine en changent soudain. Ce qu'on appelait autrefois la retraite devient simplement, pour ceux qui le veulent, la «phase deux» de leur vie professionnelle. Au lieu de considérer leur deuxième carrière comme un pis-aller ou «une petite activité pour rester occupé», ces gens-là estiment au contraire que leur premier travail, bien que plus personnellement valorisant, n'était que le prélude à autre chose de plus important que la vie les appelait à réaliser. Les réalisations qui, jusque-là, leur semblaient être le summum de leur réussite matérielle leur paraissent désormais n'avoir été qu'une préparation en vue d'un succès encore plus grand, ou le moyen leur ayant permis de développer les compétences dont ils auront besoin pour apporter leur contribution la plus importante à ce monde.

Dans sa nouvelle version, la cinquantaine devient le moment où le *Sturm und Drang* de nos jeunes années se mue par alchimie en la manifestation la plus aboutie de nos talents ; quelque chose qui ne serve pas qu'à soi, mais aussi aux autres. Il nous faut peut-être dix ans pour trouver comment monter une affaire qui fonctionne, puis dix années de plus pour apprendre à devenir l'être le plus compatissant possible — nous pouvons ajouter dix autres années pour découvrir comment être le meilleur conjoint ou parent qui soit — et aux alentours des 50 ou 60 ans, nous voilà prêt à entamer la phase la plus brillante de notre vie.

Qu'il s'agisse de personnes ayant détesté leur travail durant des dizaines d'années et qui, désormais, brisent leurs chaînes pour vivre enfin leur véritable vocation, ou bien de celles qui ont adoré leur carrière, mais qui aspirent à autre chose d'encore plus significatif à partir de la cinquantaine et plus, quelque chose est en train de se passer, et tout le monde sent bien que fermer boutique n'est pas la tendance du moment.

Un exemple intéressant de ce phénomène de seconde carrière nous est donné par Bob Daly qui, après avoir été le PDG de *Warner Bros* durant 19 ans, a décidé de donner sa démission, pour ensuite devenir le président du conseil d'administration de l'association *Save the Children*. Après avoir exercé une fonction qui, d'après les normes américaines, passe pour le summum de la réussite, Bob Daly donne désormais à la notion de « succès » une définition beaucoup plus large.

Daly a vécu le rêve américain avant d'y apporter sa propre contribution. Il a commencé sa carrière juste après le lycée, en travaillant au département de comptabilité de la chaîne CBS, où il a décroché son emploi le moins bien rémunéré, soit 41 dollars la semaine. Ensuite, il a vécu les fantasmes de carrière de toute une génération. Fan de télévision, il a dirigé un réseau de chaînes de télé. Fan de cinéma, il a pris la tête d'un studio de films. Fan de baseball, il a fini par acheter une part des Los Angeles Dodgers, équipe qu'il a dirigée durant des années. Pourtant, à l'écouter, c'est incontestablement ce qu'il fait maintenant qu'il juge le meilleur.

Daly dit qu'il n'a jamais eu de regrets, qu'il ne s'est jamais demandé s'il avait commis une erreur en quittant les sommets du monde des affaires. *Save the Children* l'a ouvert à un monde dont il ne connaissait absolument rien. La plupart des gens, dit-il, ignorent à la fois l'ampleur des souffrances que connaissent tant d'enfants dans monde, et l'envergure des efforts humanitaires entrepris pour les sauver : « On voit quelques images à la télé, mais on n'est pas vraiment au courant. Et une fois que vous vous retrouvez dans une pièce avec des personnes qui ont fait cela durant toute leur vie, qui ont décidé dès l'université que l'argent ne les motiverait pas, vous vous dites : *Ces gens sont vraiment à part.* J'ai gagné énormément d'argent dans la vie, et j'étais très heureux. J'ai connu d'immenses satisfactions, poursuit-il, mais mon activité actuelle est sans doute la chose la plus gratifiante que j'aie déjà faite. » Il touche désormais davantage de « revenus psychiques », comme il les appelle, en ayant la satisfaction de savoir qu'il utilise ses prodigieuses compétences managériales pour contribuer à alléger la souffrance des enfants du monde entier.

Le départ de Daly de chez *Warner Bros* a suscité beaucoup de débats entre ses amis : « Ils avaient compris mon envie d'aller diriger les Dodgers. Mais ce truc… ? Certains ont compris, mais d'autres ont cru que j'étais devenu fou. »

Bob Daly s'inscrit dans une nouvelle tendance que l'on retrouve chez ses pairs, chez ses compatriotes et ses contemporains. De ceux qui donnent bénévolement de leur temps à ceux qui font don de sommes considérables d'argent, de plus en plus de gens comprennent que chacun de nous doit faire ce qu'il peut pour faire face aux problèmes les plus urgents de l'humanité. Daly flaire quelque chose de positif dans l'air : « La charité est devenue quelque chose de digne », dit-il.

Et c'est une excellente chose. Une nouvelle vague de passion humanitaire commence à gonfler, tandis que le géant endormi d'une génération commence à se réveiller, prenant conscience avec beaucoup d'inquiétude que, durant son sommeil, d'immenses problèmes se sont développés.

Une personne de 50 ans aujourd'hui a peut-être encore 20, 30, voire 40 bonnes années de travail devant elle. Il nous reste du temps. Mais plus que jamais, en cette époque, nous avons besoin de toutes les mains sur le pont. Et pas seulement des mains jeunes, ayant toute leur force physique : aussi celles que guide une sagesse telle que seules les années peuvent procurer. Si nous sommes proche de la cinquantaine, aujourd'hui, nous portons en nous le souvenir d'un temps où le monde où nous vivons semblait davantage rempli d'espoir. Ce dernier fait défaut, aujourd'hui, et c'est à nous qu'il revient de le restaurer.

Début 2007, j'ai eu la chance de participer aux fêtes du Nouvel An données en l'honneur de l'ouverture de la *Leadership Academy for Girls*, en Afrique du Sud, créée par Oprah Winfrey. Oprah cite souvent cette phrase d'Emily Dickenson : «Je demeure dans le possible.» Et de toute évidence, c'est ce que fait aussi Oprah : elle ouvre de plus vastes espaces du possible à des millions d'autres personnes. Et j'en fais partie. Durant ce voyage en Afrique, de nouvelles portes de compréhension se sont ouvertes dans mon cœur.

Au cours de nos déplacements dans le bush, nous avons fait halte à divers endroits pour nous reposer. Je me rappellerai toujours comment nous nous lavions les mains. Imaginez qu'une superbe femme africaine vous accueille, revêtue de sa tenue indigène, tenant dans les mains une cruche et un bol de cuivre et de bois. Vous tendez légèrement les mains pour qu'elle puisse les enduire de savon, avant de verser de l'eau chaude dessus, que récolte le bol au-dessous. Le simple acte de se laver les mains devient alors bien plus : il devient un rituel sensuel, chargé de sens et de grâce. Vous recevez plus que du savon et de l'eau ; vous lavez davantage que vos seules impuretés physiques. Si cette femme m'avait lavé les pieds, ou moi les siens, je ne me serais pas sentie davantage absoute et bénie. C'est comme si, durant toutes ces années où je me suis lavé les mains, je n'avais jamais vraiment su ce que je faisais.

Un jour, après un safari, ayant entendu une prêtresse nous inviter à revenir chez nous, dans le berceau de l'humanité («Votre cordon ombilical est enterré ici»), nous avons eu droit à une fête spectaculaire, sous une tente éclairée à la lumière des bougies. À ma table, quelqu'un rappela que les rois et les reines des vieilles tribus d'Afrique furent les premiers à être emmenés en esclavage. Je jetai un regard circulaire aux autres invités, y compris certaines figures artistiques et culturelles de proue de la société afro-américaine, et je songeai que, sur un plan symbolique au moins, ces dernières étaient précisément ces reines et rois réincarnés, revenus revendiquer leur lien à l'Afrique. Les descendants des esclaves avaient désormais atteint de tels degrés d'importance et de gloire, qu'ils pouvaient revenir sur leur terre ancestrale avec des privilèges inimaginables 200 ans plus tôt.

Alors que le dîner s'achevait, des danseurs vinrent faire leur numéro. Progressivement, leur danse arracha les invités à leurs sièges ; les stars noires d'Hollywood se mirent à évoluer avec les indigènes africains, sur leurs rythmes ancestraux. Des cycles entiers de vie semblaient se dénouer sous mes yeux, et je me sentais privilégiée d'assister à un moment authentiquement prophétique. À voir ainsi le monde moderne et l'ancien monde partager leurs molécules, je sentais Dieu tendre Sa main pour faire ce qui semblait être sa dernière offre à l'humanité. Une tâche nous est assignée, laquelle, si nous l'accomplissons comme il faut, est porteuse d'un potentiel de rédemption si fondamental qu'elle annulera les conséquences autrement inévitables et dramatiques de notre comportement, en tant qu'espèce.

Je le sus. Je le vis. Je l'entendis. Je le ressentis. A-F-R-I-Q-U-E. Il y a dans l'acte de sauver notre continent-mère quelque chose qui contribuera à sauver ses enfants partout.

> *Cher Dieu, en cette époque capitale, trace devant*
> *nous, s'il Te plaît, la voie qui permettra au monde*
> *de se guérir avant qu'il ne soit trop tard. Utilise-*
> *moi, de quelque façon que Tu le désires, pour*
> *transformer l'obscurité en lumière. Amen*

LA PAUVRETÉ DANS LE MONDE ATTEINT AUJOURD'HUI des proportions ahurissantes : 350 millions d'enfants s'endorment chaque soir en ayant faim. Et l'ampleur du désespoir humain sur cette planète rend le statu quo indéfendable.

Nous sommes actuellement au cœur d'une grande révolution, à l'aube d'un saut quantique entre deux phases de l'histoire de l'humanité. Les choses seront radicalement différentes d'ici quelques années, car nous allons débuter soit une nouvelle ère de ténèbres, soit un nouvel âge des Lumières.

Je me rappelle quand Barbra Streisand chantait «The Best Things in Life Are Free» [«Les meilleures choses dans la vie sont gratuites»]. Il en va de même des plus puissantes. La compassion. La lecture aux enfants. La miséricorde. Un toucher empreint de tendresse. De douces pensées. Le pardon. Les prières. La méditation. L'amour. Le respect. La paix.

Toutes les choses suivantes coûtent très cher : les B-52, les missiles à longue portée, les hélicoptères militaires, les tanks, des AK-47, les fusils d'artillerie, les canons, les F-16, les avions à décollage vertical, le *Littoral Combat Ship**, les chasseurs polyvalents avancés, les membres artificiels. La guerre.

---

* Programme en cours de développement depuis la fin des années visant à déployer vers une classe de frégates légères furtives modulaires pour, comme le nom l'indique, le combat en zone littorale de l'Avy.

La vérité, qui fait froid dans le dos, est que, si nous ne mettons pas fin à la guerre, c'est elle qui mettra fin à l'humanité. Comme l'a dit Albert Einstein : « Je ne sais pas avec quelles armes se fera la Troisième Guerre mondiale, mais la quatrième se fera avec des bâtons et des pierres. »

Dans un monde où les moyens de destruction massive et la quantité dont on dispose sont phénoménaux (la capacité de destruction de toute la Deuxième Guerre mondiale n'est qu'un grain de sable comparée à celle dont nous disposons aujourd'hui), la guerre n'est plus une option défendable, ni même compatible avec la survie de l'humanité. Ainsi que le dit Dennis Kucinich, membre du Congrès américain : « Nous devons remettre en question la croyance que la guerre est inévitable. » C'est à notre génération — pas à celle de nos enfants, ni à celle de leur progéniture (on n'a plus le temps pour cela) — qu'incombe la tâche de promouvoir un monde ayant dépassé le militarisme démentiel et autodestructeur qui domine les relations internationales aujourd'hui. Je n'arrive pas à croire qu'en ce moment même les leaders de l'Amérique parlent de la guerre comme s'il s'agissait d'un jeu de Lego pour les tout-petits.

En réalité, la guerre ne fait que des victimes. Les gens qui y sont tués sont des victimes, et ceux qu'on y envoie faire ces tueries n'en sont pas moins. Le stress post-traumatique n'est pas seulement lié au traumatisme d'avoir vu des gens se faire tuer, mais, tout aussi fréquemment, au fait de se rappeler *avoir tué* soi-même. La guerre est monstrueuse, et il faut la voir telle qu'elle est. Entrer en guerre autrement qu'en un véritable « dernier » recours, et encore plus pour des raisons purement inventées — ou la saluer par des cris de ralliement, comme s'il s'agissait d'un événement sportif — est le signe indubitable qu'un pays a perdu son cœur et sans doute sa tête aussi.

Une telle attitude n'est pas à proprement parler du pacifisme. Nous vivons à une époque où se posent beaucoup de nouvelles questions. D'autres générations pouvaient s'interroger sur la validité morale de telle ou telle guerre ; nous n'avons plus le luxe de pouvoir faire un tel débat. Notre propre défi moral consiste à dépasser la guerre, point.

Certains semblent croire que nous pouvons continuer à fabriquer davantage de bombes nucléaires, à disposer des armes dans l'espace, à créer des méthodes encore plus pernicieuses de guerre chimique et à poursuivre la vente d'armes à d'autres pays, à coup de centaines de millions de dollars — sans oublier le lancement de quelques malheureuses opérations militaires de plus — sans que nous ne finissions un jour par perdre massivement nos villes et nos populations propres. De tels individus vivent dans un tel déni ; ils sont si aveugles ou dotés d'un cœur si froid qu'ils ne devraient plus jamais mériter notre confiance ni être en mesure de gouverner.

Quiconque ne saisit pas la vague de nouveaux courants de pensée et la perspective éclairée qui déferlent actuellement sur la planète montre par cela même que son temps au pouvoir est révolu. Il y a une nouvelle conversation dans l'air et nous devrions tous y apporter notre voix du mieux que nous le pouvons. Il est temps de redessiner le monde — en suivant non plus les lignes géopolitiques et économiques traditionnelles, mais de nouvelles courbes profondément humanitaires — un monde où l'amélioration de la souffrance humaine gratuite deviendra le nouveau principe organisateur de la civilisation humaine.

IL EST FACILE DE SE MOQUER DE LA GÉNÉRATION DU BABY-BOOM quand elle tient de tels propos. Après tout, ne disions-nous pas la même chose dans les années 60? Et à quoi cela a-t-il mené? Eh bien! Cela a au moins permis de mettre fin à une guerre, ce qui n'est pas rien. Et cela aurait indiscutablement débouché sur bien plus encore si Bobby Kennedy et Martin Luther King n'étaient pas morts, en partie pour y avoir cru. L'erreur de la génération des années 60 n'est pas de ne pas avoir eu le bon objectif; c'était de ne pas avoir compris que nous devions être nous-mêmes, moyen par lequel cet objectif serait atteint. Comme le disait Gandhi : « La fin est inhérente aux moyens. » Nous devons être le changement que nous voulons voir dans le monde, sans quoi ce changement ne surviendra pas. À l'époque, nous l'ignorions, mais aujourd'hui nous le savons. Nous sommes plus averti en matière de politique, et plus instruit en amour. Nous sommes en train de devenir ce qu'Andrew Harvey nomme des « activistes sacrés ». Nous y venons tardivement, mais nous y sommes enfin.

Mais nous n'atteignons pas ce point sans cheveux gris ni une certaine ironie : la génération qui a déclaré la guerre à l'hypocrisie a été l'une des plus hypocrites de toutes ; elle qui prétendait remplacer les fusils par des fleurs a plus souvent fait l'inverse ; et en jetant un œil à l'horloge, il ne nous reste maintenant plus que dix minutes environ pour nous arracher à notre stupeur et retrouver toute notre détermination.

Ce n'est pas tant en politique qu'au plan de l'imagination que nous avons le plus échoué jusqu'ici. Nous devons en effet *imaginer* un monde en paix, puis tracer rétrospectivement le chemin qui y conduit depuis notre situation actuelle. Le monde ne sera en paix que quand un plus grand nombre de personnes seront nourries, logées et éduquées ;

quand plus de gens recevront les soins médicaux dont ils ont besoin; quand plus de femmes seront libres; quand plus d'opportunités seront accessibles à une plus grande part de la population; et quand une plus grande part de ses ressources seront partagées équitablement. Tout cela ne serait pas seulement «bien» : ce sont là les clés de notre survie collective future. Imaginez un instant les 600 et quelques milliards de dollars que les États-Unis dépensent par année pour leur armée et leur défense (et cela n'inclut pas la guerre en Irak). En retournant 30 ans en arrière, qu'aurions-nous réalisé si nous avions consacré la moitié de cette somme aux préoccupations humanitaires évoquées ci-dessus? Que se serait-il passé si davantage de personnes avaient vu des décalcomanies du drapeau américain sur des murs d'écoles, des routes et des murs d'hôpitaux, ainsi que dans leur quartier, plutôt que sur des installations militaires? Aurait-il été aussi facile, en ce cas, d'éveiller tant de haine contre nous? Un événement tel que celui du 11 septembre aurait-il été possible?

Ces questions sont tournées en ridicule par les tenants du statu quo politique, mais à ce stade, le côté dérisoire de ce statu quo n'arrêtera aucune personne un tant soit peu consciente. Les gens qui regardent le monde d'aujourd'hui à travers un filtre correspondant à la situation d'il y a 60 ans ne sont pas ceux qui peuvent nous guider vers le futur. Nous n'irons de l'avant qu'avec une nouvelle vision de l'objectif à atteindre. Et il est impossible d'y parvenir si nous oublions notre humanité profonde. Il ne s'agit pas seulement de vaincre un ennemi; nous devons nous faire davantage d'amis. Comme le disait Martin Luther King, nous devons faire du monde «une communauté bien-aimée».

La politique et l'économie doivent refléter notre spiritualité, sans quoi elles la ridiculisent. L'humanité changera ; la seule question est de savoir si cela se fera parce que nous aurons gagné en sagesse, ou alors parce que les douleurs du statu quo se feront si intenses que nous n'aurons plus le choix d'agir. Une bombe nucléaire anéantirait la vie et les projets de tout le monde. Il n'y a rien d'astucieux — financièrement parlant, ou de quelque autre façon — à faire ce que nous voulons faire sans nous soucier des conséquences sur autrui. Il nous faut désormais répudier un tel mode de pensée. Il est temps de transcender la perspective limitée qui est celle de la modernité et de revendiquer une vision du monde plus éclairée.

On prétend que, lorsque Ralph Waldo Emerson rendit visite à Henry Thoreau en prison, après sa condamnation pour ses prises de position contre la guerre entre le Mexique et l'Amérique, il aurait demandé à son ami ce qu'il faisait *là-dedans*. Thoreau aurait répondu : « Et toi, que fais-tu *là dehors* ? » C'est un peu ce que l'on éprouve quand on est celle ou celui qui hurle « Faute ! » à pleins poumons, aujourd'hui : on se dit que tous ceux qui ne le font pas sont cinglés.

L'âge s'accompagne du sentiment qu'on sait ce qu'on sait, et que quiconque n'est pas d'accord avec nous n'a plus le pouvoir de nous faire changer d'avis ni de nous faire garder le silence. Notre seule justification à avoir telle opinion est le fait que c'est notre opinion. Elle est peut-être juste ou fausse, mais à aucun prix nous ne tairons plus longtemps ce que nous croyons. Comme le dit Jésus, dans l'évangile de Thomas : « Quand vous aurez engendré cela en vous, ce qui est vôtre vous sauvera ; si vous n'avez pas cela en vous, ce qui n'est pas vôtre vous tuera. »

L'une des façons d'engendrer un nouveau monde, c'est de lui donner naissance par la parole. Et l'*amour* n'est pas un vain mot. Une parole à la fois, une prière à la fois, un livre, un discours, une conversation, un poème, un script ou une chanson à la fois… nous parlerons d'amour, et notre verbe triomphera.

« MES YEUX ONT VU LA GLOIRE DE LA VENUE DU SEIGNEUR / Il piétine le vignoble où sont gardés les raisins de la colère / Il a libéré la foudre fatidique de sa terrible et rapide épée / Sa vérité est en marche. »

Je me rappelle avoir vu Judy Garland à la télévision chanter ces paroles de l'Hymne de bataille de la République, après l'assassinat du président Kennedy. J'étais trop jeune pour saisir toute l'importance des événements, mais à voir les larmes de mes parents et la prestation de Judy Garland, je sentais bien que la situation était grave et que nous vivions un moment historique. Une image mentale de Garland en train d'entonner ce chant est resté gravé dans ma tête durant 40 ans. Son message reste l'une de mes affirmations favorites pour exprimer que, quoi qu'il arrive, peu importe combien il y a de cruauté et d'injustice en ce monde, la vérité de Dieu finira d'une manière ou d'une autre par l'emporter.

J'ai une amie qui est en prison depuis l'âge de 17 ans. Elle en a 34 aujourd'hui. Son crime est d'avoir conduit une voiture à une vente de marijuana où une personne a été tuée. Plus tard, dans la nuit, après plus de neuf heures d'interrogatoire intense par la police de Détroit, on lui a arraché par manipulation une confession où elle reconnaissait avoir orchestré cette vente de drogue. («Signe simplement là, et tu peux rentrer chez ta mère.») On ne lui a pas lu les droits

Miranda et elle n'a bénéficié de la présence d'aucun avocat. Désormais, cette belle femme, qui à l'âge de 17 ans était parfaitement incapable de résister à la pression de la police, croupit dans une cellule de prison, faute de pouvoir obtenir la commutation de peine qu'exigerait toute personne faisant une interprétation sensée de la loi. Elle rêve — et nombreux sont ceux qui rêvent avec elle — que le jour viendra où elle sera relâchée de l'enfer de cet emprisonnement, et libre de mener une vie à peu près normale pour le restant de ses jours.

Une fois, je lui ai demandé ce qu'elle aimerait faire le jour où elle sortira de prison. Je lui ai dit qu'aussitôt qu'elle aurait rendu visite à sa famille, je l'emmènerais dans n'importe quel coin où elle voudrait aller. Je pensais à une station thermale, une plage, n'importe où.

Sa réponse ? Tenez-vous bien.

Ses yeux se sont illuminés : « Une pharmacie de la chaîne CVS, me répondit-elle. J'adorerais aller chez CVS. Je serais tellement heureuse de pouvoir choisir ma propre teinte de rouge à lèvres. J'ai entendu dire qu'ils en ont toute une gamme. Ici, nous n'avons qu'une seule teinte. » Ses yeux brillaient d'espoir ; les miens étaient gonflés de larmes. Alors, chaque fois que ma vie n'est pas tout à fait conforme à ce que je désire, à cause de ceci ou de cela, je repense à Toni. Si vous avez encore la chance de vous lever chaque matin, de faire à peu près ce que vous voulez, et de pouvoir tout entreprendre pour réparer vos erreurs, c'est que vous êtes encore dans la partie. Certaines personnes, elles, ont commis des fautes dans le passé qu'il leur est impossible de racheter pour pouvoir recommencer à zéro.

Pour pouvoir «[piétiner] le vignoble où sont gardés les raisins de la colère» et «[libérer] la foudre fatidique de sa terrible et rapide épée» (les termes de «karma» et de «justice» sont plus doux, mais je ne vais pas corriger le texte de Julia Ward Howe), Dieu a autant besoin de notre aide que nous de la Sienne. Dans le même chant, Howe écrit plus loin : «Comme Il est mort pour rendre les hommes saints, mourons pour rendre les hommes libres.» Si seulement.

Dieu a besoin que nous nous abandonnions à Lui pour qu'Il nous utilise selon Ses desseins. Et pour que nous Lui soyons de quelque utilité, il nous faut devenir des canaux à travers lesquels Il puisse agir. C'est pour cela que nous faisons ce que nous faisons : pas seulement pour nous, mais pour Toni et les millions d'autres dont nous savons, au tréfonds de notre cœur, que nous aurions facilement pu être à leur place.

ET À LA FIN DE TOUT CELA, BIEN ENTENDU — après des années d'espoir et de luttes, de réalisations et de déceptions — nous quitterons ce corps. Chacun d'entre nous aspire à ce tunnel de lumière, à cette paix d'un autre monde dont nos lectures nous ont parlé, et à la joie de sentir qu'en dernière analyse cette existence n'aura pas été si mauvaise que cela.

On a dit de la mort que c'était notre «prochaine aventure», et plus on prend de l'âge, plus ça semble vrai. Ainsi que le disait Carl Jung : «Reculer devant la mort est une attitude malsaine et anormale qui dépouille la seconde moitié de notre vie de sa finalité.» Ce qui ne veut pas nécessairement dire qu'il faille se réjouir de sa mort. Mais c'est une chose à accepter avec foi, la foi que rien n'existe en dehors de l'amour divin, de la perfection divine et du plan de Dieu. S'Il nous demande de partir d'ici, c'est par définition pour aller vers une plus grande lumière.

Pour ma part, ma plus grande tristesse à l'idée de mourir est de laisser derrière moi ceux que j'aime le plus. Alors, je pense à ceux que j'aimais et qui sont déjà morts que j'aurai l'occasion de revoir. Et je songe à ceux qui survivront à mon décès, mais qui eux-mêmes feront un jour le grand saut et me rejoindront de l'autre côté. Même s'il devait avoir une vie très longue, le plus jeune enfant au monde finira par mourir. Alors, que notre train soit plus rapide ou plus lent, nous sommes tous en route vers la même destination. Et dans l'univers de Dieu, la seule destination est l'Amour.

Savoir qu'on va mourir ne rend pas la vie moins importante ; au contraire, elle n'en acquiert que plus de valeur. La prise de conscience de notre mortalité éveille en nous le sentiment qu'il est urgent de vivre sa vie avec sagesse, de l'apprécier pleinement, d'aimer encore plus profondément, tant que nous sommes encore là et que cela nous est encore possible. On observe une forme de pensée magique chez la jeunesse : la plupart des jeunes pensent en secret qu'ils parviendront à déjouer la mort. («La mort n'osera pas s'en prendre à moi!») Et ce sentiment erroné que la vie durera indéfiniment entraîne une sorte d'indifférence ordinaire qui empêche de voir combien elle est sérieuse. Lorsque j'étais jeune, les seules choses que je prenais au sérieux étaient parfaitement insignifiantes. Ce n'est qu'avec l'âge que j'ai fini par comprendre l'importance — et même l'importance profonde — de l'existence même de la vie.

Quand vous êtes jeune, il ne vous vient jamais à l'esprit lorsque vous appelez un ami que ce n'est pas qu'une occasion parmi un nombre infini d'autres de le faire. Le jour où vous prenez pleinement conscience que toute expérience dans le monde matériel est finie, vous réalisez du même coup combien il est extraordinaire de pouvoir appeler quelqu'un au téléphone. Comme le dit souvent mon amie Sarah : « Le temps fout le camp. » N'est-ce pas la vérité ?

Nous comptons excessivement sur des choses dont nous n'imaginons pas à quel point elles sont éphémères. Quand on est jeune, on ne sait pas — sinon intellectuellement, et encore, on n'y croit pas vraiment — qu'on n'aura pas toujours cette énergie inépuisable et cette ardeur. Quand l'âge nous force à voir tout ce qu'on a perdu, on est désemparé et blessé d'avoir à prendre conscience de toutes les choses qui sont passées et qui ne reviendront plus.

Mais il se produit quelque chose, une fois que l'onde de choc est passée… quelque chose d'à la fois subtil et immense. Ce qui se passe alors est contraire à tout ce que les gens pensent. Quand nous voyions des personnes âgées au restaurant ou au théâtre, autrefois, nous portions sur leur existence diminuée un regard chargé de pitié. Ce que nous n'arrivions pas à comprendre — comment aurions-nous pu, à cet âge-là ? — c'était que ces hommes et femmes existaient dans un univers parallèle d'où ils estimaient que c'était *nous* qui étions à plaindre pour n'avoir pas encore compris quels étaient l'enjeu et la finalité de la vie. Sans doute s'amusaient-ils plus que nous ne l'imaginions. Sans doute voyaient-ils des choses que nous ne discernions pas encore. Or, ce qui vient tout juste de se passer, c'est que nous venons d'entrer dans leur pièce. Et elle n'est pas telle que nous l'imaginions. Elle est telle que nous *voulons* qu'elle soit.

Cher Dieu, à mesure que je prends de l'âge, fais toujours davantage de moi la personne que Tu souhaites que je devienne. Car je connaîtrai ainsi la joie de la vie avant que mes jours soient finis. Amen

AU COURS DE MON ÉMISSION RADIOPHONIQUE, j'ai interrogé une femme qui a souffert de lupus durant 20 ans ; qui a été mariée de nombreuses années à un homme qui lui a annoncé le soir de Noël, tandis qu'elle emballait les cadeaux de ses enfants, qu'il souhaitait mettre fin à leur mariage ; qui a également perdu l'un de ses enfants dans un violent accident ; et qui est actuellement mariée à un alcoolique pratiquant. J'éprouvais une telle admiration qu'elle puisse simplement se réveiller chaque matin et affronter une nouvelle journée. Le moindre de ces événements m'aurait anéantie durant des années.

Je ne sais pas ce qui nous pousse à reprendre le dessus. Quand je pense à tout ce qu'ont vécu les gens — d'Auschwitz au Rwanda, en passant par l'Irak et la vie de l'Américain moyen qui s'efforce simplement de survivre — c'est à peine si je peux le supporter. Parfois, je me dis que les océans sont la manifestation matérielle des larmes de l'humanité. De toute évidence, il doit y avoir au cœur de l'expérience humaine une forme de ténacité, une aspiration profonde qui nous pousse à poursuivre. Je ne crois pas que nous nous accrochions à la vie pour la seule et unique raison que nous avons peur de mourir. Je crois que ce qui nous motive, c'est le pressentiment profond que la vie recèle des richesses qui ne se sont pas encore manifestées. Comme les saumons qui remontent d'instinct le courant, nous savons intuitivement que nous sommes là pour poursuivre la grande aventure de la vie. Que nous *sommes* cette grande aventure. Et donc, nous sommes là pour participer à quelque chose de plus grand que ce que notre *moi* individuel peut imaginer, et encore moins décrire.

À la fin du chef-d'œuvre de Stanley Kubrick, 2001 : *L'odyssée de l'espace,* on voit un bébé flottant dans l'espace. Voilà quel est notre but ultime, à n'en pas douter : la naissance d'une nouvelle humanité. Cependant, si cet enfant doit venir au monde, il lui faut des parents : c'est-à-dire vous et moi. Conçu dans nos têtes et nos cœurs, il sera nourri au sein de toutes nos actions de compassion. Et ce nouvel être ravissant et ravi est en gestation en chacun de nous. Les guerres et les rumeurs de guerre abondent, c'est vrai. Mais des gens continuent de tomber amoureux. Des gens continuent de réparer leurs erreurs. De pardonner et de demander pardon. D'espérer et de prier. La clé, quand on regarde la mort en face, c'est d'affirmer encore plus la vie. Et c'est ce que nous faisons.

Je crois en un Dieu compatissant, à Qui il suffit d'un moment de prise de conscience, d'un instant de prière, d'une minute animée du désir humble et sincère d'agir avec justesse et amour pour être motivé à intervenir dans les folies irresponsables de cette humanité insouciante. Quand nous ne regardons ni derrière nous ni devant, mais au plus profond de nous-même, nous voyons une lumière plus forte que l'obscurité du monde, un espoir qui dépasse la compréhension du monde et un amour plus puissant que la haine du monde.

Voyant cette lumière, nous allons la suivre tout le long du canal pelvi-génital qui conduit à la renaissance de l'humanité. Si le travail est long et difficile à bien des égards, c'est pour que nous renaissions à quelque chose d'immense et de précieux. Nous nous apprêtons à naître à notre *moi* véritable. Et jamais, au grand jamais, nous ne nous satisferons plus d'être moins que nous ne sommes vraiment.

Cher Dieu, puisse l'amour triompher. Amen

REMERCIEMENTS

Il n'y a généralement qu'un seul nom sur la couverture, mais la plupart des livres sont le fruit d'un effort collectif. Cela n'a jamais été aussi vrai, dans mon cas, que pour l'écriture de cet ouvrage-ci.

Mes remerciements les plus profonds vont à :

Maya Labos, pour avoir mis en route le processus qui m'a conduite chez Hay House. Si ce n'est pas un retour à la maison, littéralement parlant, c'en est un malgré tout.

Reid Tracy, pour m'avoir offert une maison.

Louise Hay, qui reste si passionnée et branchée à 80 ans.

Shannon Littrell, pour l'aide généreuse et éclairée qu'elle a apportée à ce manuscrit.

Jill Kramer, Amy Rose Grigoriou, Courtney Pavone, Jacqui Clark, Margarete Nielsen et Jeannie Liberati, chez Hay House, pour ce rare mélange d'excellence et de gentillesse.

Wendy Carlton, pour ses révisions remarquables et précises, qui m'ont à la fois instruite et inspirée.

Andrew Harvey et Andrea Cagan, mes «sages-femmes littéraires», pour m'avoir remise sur les rails littéraires en me faisant sentir que c'était ma place, et en insistant pour que je tienne jusqu'au bout.

Tammy Vogsland, pour avoir maintenu la terre ferme sous mes pieds pendant que j'écrivais.

Wendy Zahler, pour son soutien formidable et ses légumes franchement délicieux.

Richard Cooper, Diane Simon, Alana Stewart, Alyse Martinelli, Carolyn Samuell, Matthew Allbracht, Stacie Maier, David Kessler, David Perozzi, Victoria Pearman, Suzannah Galland, Lila Cherri et Gina Otto pour les charmes de l'amitié. Et Mary Ann Check, pour le confort d'une maison.

Ma mère, pour tout. Et Ella Gregoire, pour une bénédiction extraordinaire.

Oprah Winfrey, pour le rappel d'opportunités sans fin, tant dans le monde que dans mon âme.

Wayne Dyer, pour la chaleur que je sens autour de moi, même quand je ne parviens pas à t'atteindre.

Bob Barnett, pour de sages conseils.

India, pour son assistance éditoriale de tout premier ordre et pour un million d'autres choses.

Toutes les personnes du monde entier qui ont soutenu mon travail et qui se sont montrées si gentilles envers moi, donnant plus de gratitude que vous ne pouvez l'imaginer.

Et quelques autres, bien sûr : vous vous reconnaîtrez…

À PROPOS DE L'AUTEURE

Marianne Williamson est une conférencière d'envergure internationale et l'auteure des best-sellers *Un retour à l'amour, Un retour à la prière, Le Changement : un cadeau inestimable* et *La Grâce et l'Enchantement*, entre autres. Elle a consacré beaucoup de son temps à mettre en place des œuvres caritatives aux États-Unis, en particulier à l'attention de personnes souffrant de maladies potentiellement mortelles (elle a fondé le *Project Angel Food* à Los Angeles). Elle a également créé *The Peace Alliance*, un organisme sans but lucratif consacré à l'avènement d'une culture de paix.

Site Web (en anglais) : www.marianne.com

www.AdA-inc.com

info@AdA-inc.com